DETLEF RICK

BRAUEREIEN IM RHEINLAND

Ein Ausflugsführer zu den Stätten rheinischer Bierkultur

emons:

INHALT

1. NIEDERRHEIN UND RUHRGEBIET

2. GROSSRAUM DÜSSELDORF

3. GROSSRAUM KÖLN

4. WESTLICH VON KÖLN UND BONN

5. BERGISCHES LAND UND UMGEBUNG

6. RHEINLAND-PFALZ

VORWORT

Die Biertradition im Rheinland ist alt, die Bierkultur vielfältig. Über 60 Brauereien prägen gemeinsam das Bild der rheinischen Bierlandschaft. Von den großen Brauereien mit über einer Million Hektoliter Jahresausstoß bis hin zu den kleinen Gasthausbrauereien erstreckt sich die Spannweite. Von Kalkar bis Lahnstein, von Aachen bis Gummersbach und darüber hinaus Richtung Westerwald und Eifel erstrecken sich die Brauereien, die ich in diesem Buch beschreibe. Und wenn es um Bier geht, schlagen die regionalen Herzen höher: Alt, Kölsch, Pils sind die Lieblingsmarken. Die regionale Identifikation ist groß. Es lässt sich trefflich streiten, welches das beste Bier ist.

Während der Recherche zu diesem Buch wurde mir klar, dass das »und« beim Thema Bier und Brauereien wichtig ist. Jede Brauerei hat ihre Existenzberechtigung, ob groß oder klein. Und bitte keinen Hochmut, kein Herabschauen auf das andere Konzept, auf ein anderes Bier – oder eine andere Bierart.

Als bekannter Kölner, und damit der Kölsch-Kultur verbunden, hat es mir einen riesigen Spaß gemacht, die rheinischen Brauereien zu besuchen. Die freundliche Aufnahme von den Mitarbeiterinnen und Mitarbeitern war enorm. Den persönlichen Kontakt mit den Braumeistern und Brauern möchte ich nicht mehr missen. Leider wollten zwei Brauereien nicht in diesem Buch aufgenommen werden, die eine aus Willich-Anrath, die andere aus Köln. Die Begründung bei beiden ist ähnlich: »Da es bereits zahlreiche Bücher über Brauereien im Allgemeinen und die Kölner Brauereien im Speziellen gibt.«

Ursprünglich hatte ich vorgesehen, die Biere der verschiedenen Brauereien ein Stück weit untereinander vergleichbar zu machen. Leider ist es mir nicht möglich, bei jedem Bier neben Stammwürze und Alkoholgehalt auch die Bittereinheiten und die Farbe (EBC) zu veröffentlichen. Deshalb habe ich darauf verzichtet. Wegen der Mitbewerber oder aus Sorge, von Verbrauchern auf die Werte festgelegt zu werden, wollten einige Brauereien keine Angaben zu Alkoholgehalt und Stammwürze machen. Die Kleineren konnten zum Teil keine Laboruntersuchungen vorweisen.

Die Brauereilandschaft ist im ständigen Wandel, und bereits während des Schreibens veränderte sie sich: Brauereien wurden eröffnet, andere mussten (leider) schließen oder wurden übernommen. Dieser Prozess wird auch nach dem Erscheinen des Buches andauern. Um aktuell zu bleiben, bitte ich Sie, die Leserinnen und Leser: Wenn Sie von der Planung oder Eröffnung einer neuen Brauerei in Ihrer Region im Rheinland erfahren, lassen Sie es mich wissen.

Dank sagen möchte ich Daniel Wetzel in Berlin, der mir mit fototechnischen Tipps zur Seite gestanden hat, und natürlich meiner Frau Theophanu Goettert, die mich unterstützt hat und während der Zeit des Entstehens des Buches ertragen musste.

Es gibt ein Motto, mit dem ich gern und gut lebe. Deshalb möchte ich es Ihnen am Anfang des Buches auf die Zunge legen: »Global denken und regional trinken.«

Sehr zum Wohl!
Detlef Rick

BIER
GESCHICHTE
IM RHEINLAND

D as Brauerhandwerk ist nach dem Bäckerhandwerk das zweitälteste Handwerk der Welt. Zur Zeit der Assyrer, Babylonier und Ägypter wurde Bier aus Brot vergoren. Das Zweistromland zwischen Euphrat und Tigris und das Niltal waren die Kornkammern in der geschichtlichen Frühzeit. Hier wurden spezielle Braubrote gebacken, die in Gefäßen zerbröselt und mit Wasser übergossen wurden, wodurch die Gärung einsetzte. Auch in Spanien deuten Funde darauf hin, dass dort bereits um 4.000 vor Christus Bier gebraut wurde. Zur römischen Herrschaftszeit wurde Bier im mitteleuropäischen Bereich von den Kelten und Germanen hergestellt. Es soll allerdings, wie aus dem Jahr 390 vor Christus berichtet wird, ein »übel riechender Saft aus verfaultem Getreide« gewesen sein, über den die Wein trinkenden Römer die Nase gerümpft haben.

Mit den Römern kam der Wein in die linksrheinischen Gebiete des Rheinlands, obwohl Bier das Volksgetränk blieb. Es war das Getränk der einfacheren Schichten, denn die wohlhabenderen Bürger gaben immer öfter dem Wein den Vorzug. Dieser wurde importiert, aber auch vermehrt angebaut. Selbst innerhalb der Stadtgrenzen Kölns gab es bis in die mittelalterliche Zeit Weingärten, und zwar um die Kirchen St. Severin, St. Mauritius und St. Christoph. Im freien Rechtsrheinischen behielt das Bier seine Vorrangstellung.

Wann im Rheinland das erste Mal gebraut wurde, ist nicht überliefert. Das oft zitierte »Dokument« aus dem Jahr 837 stellte sich als Fälschung aus dem 13. Jahrhundert heraus. Schriftliche Quellen sind rar, da das Brauen zum Alltagsgeschäft gehörte wie das Backen. Bier diente der Grundversorgung der Menschen, ob im Dorf, in der Stadt, im Kloster oder am Hofe der Würdenträger. In den Klöstern brauten die Mönche das Bier in einem wöchentlichen Turnus, sodass jeder Mönch das Brauen mehr oder weniger gut beherrschte. Das änderte sich im beginnen-

»Heute back ich, morgen brau ich ...« Brauen: das zweitälteste Handwerk der Welt.

den 10. Jahrhundert, als der Turnus auf ein Jahr verlängert wurde und so ein erster Schritt zur Spezialisierung erfolgen konnte. Das Interesse der Brüder war es, diese Aufgabe einem besonders kundigen Brauer zu übertragen, der über einen längeren Zeitraum ein gutes Bier herstellen konnte. Die Stimmung in den Klöstern hätte sich sonst gewiss verschlechtert. Ähnlich war auch die Entwicklung an den Fürsten- und Königshöfen.

In den Städten und auf dem Land lag das Brauen in den Händen der Frauen. »Heute backe ich, morgen brau' ich ...« Backen und Brauen gehörten damals vom Arbeitsablauf her eng zusammen. Bier wurde vornehmlich dort gebraut und getrunken, wo Getreide angebaut wurde und qualitativ guter Weinanbau nicht möglich war. Den ersten Belegen für die Anfänge des Berufs des Brauers begegnet man laut

Wolfgang Herborn in den Städten des Maaslandes, Flanderns und Nordfrankreichs.

Das älteste im Rheinland gebraute Bier war das Medebier, ein mit Honig gewürztes und dementsprechend süßes Bier. Es wurde abgelöst durch das Grutbier, ein Kräuterbier, gebraut aus Brau- und Würzmalz, der Grut. Die Grut war ein Pulver, das sich aus verschiedenen Zutaten zusammensetzte. Hauptwürze waren die Triebe des Gagelstrauchs, einem Myrtengewächs.

Medebier, Grutbier und Hopfenbier sind die ältesten Biere im Rheinland.

Im Norden war es der Porscht, ein Verwandter der Erikagewächse, auch Wilder Rosmarin oder Warzenkraut genannt. Schafgarbe, Salbei, Zimt, Muskatnuss, Rosskümmel, Ingwer, Wacholder und Weißer Enzian gaben dem Bier seinen Geschmack. Diese Pflanzen wurden mit Getreide und anderen »Gewürzen« getrocknet, fein gemahlen und an die Brauer verkauft. Jede Region hatte ihre eigene Rezeptur, die als Geheimnis der Gruter, der Gruthersteller, mündlich weitergegeben wurde. Ähnlich dem griechischen Retsina soll in Köln speziell auch Harz, das zur Abdichtung der Fässer verwandt wurde, dem kölschen Grutbier eine eigene Geschmacksnote verliehen haben, gemeinsam mit Lorbeer und Anis. Die Düsseldorfer Brauer bevorzugten Kirschen als Würzfrucht. Der Geschmack des Grutbiers war ebenfalls süßlich. Es war obergärig gebraut und leicht verderblich. Dadurch war es kaum transportfähig.

Das Braumalz wurde zunächst hergestellt aus zwei Teilen Gerstenmalz und einem Teil Spelz, das heißt Dinkel oder Hafer. Später war es ein reines Gerstenmalzbier. Die Qualitätsstufen waren Dünnbier und Dickbier, was sich auf den Alkoholgehalt bezog. Das Hauptverbreitungsgebiet war das nördliche Rheinland und deckte sich »mit der Südausdehnung des Gagelstrauches ... ein Zeichen dafür, dass die südlichen Rheinlande doch mehr Wein- als Bierländer gewesen sind« (Herborn). Das Recht, Grut herzustellen, lag immer bei der Obrigkeit, die dieses aber auch verpachten oder verpfänden konnte. Denn Grut war gutes Geld. Sie war hoch besteuert. Und wer das Grutrecht besaß, war meistens ein gemachter Mann.

Dem Grutbier folgte das Hopfenbier, ein Bier, das – wie der Name sagt – mit Hopfen gewürzt wurde. Es kam aus dem westfälischen Raum ins Rheinland. Speziell Unna und Paderborn waren dort die Brauerhochburgen. Ursprünglich stammte es aus dem hanseatischen Raum, insbesondere aus Bremen, Hamburg und Wismar. Dank seiner dunkleren Farbe wurde es auch Rotbier genannt. Das Hopfenbier leitete einen Umschwung im Bierwesen ein. Obwohl sich die Produktionsbedingungen in Bezug auf die Hygiene nicht verbesserten, sorgten die im Hopfen befindlichen Gerbstoffe für eine gewisse

Stabilität des Gerstensaftes. Sie machten das Bier haltbarer. Es wurde lager- und transportfähiger und somit exportfähiger. Der Vorteil gegenüber Wein war die in jedem Jahr fast gleichbleibende Qualität. Bier hatte einen geringeren Alkoholgehalt und machte deswegen weniger müde bei der Arbeit. Vom Ansehen blieb jedoch der Wein weiterhin das gesellschaftlich hochwertigere Getränk.

Anhand der Kölner Geschichte kann man exemplarisch den Wandel von Wein und Bier als Nahrungs- und Genussmittel darstellen:

Köln als römisch geprägte Stadt im Rheinland war eher eine Weinstadt, sowohl vom Handel als auch vom Konsum her gesehen. Es hielt gute Handelsbeziehungen mit der Pfalz, dem Elsass und der Moselregion. Die Kölner Weinhandelsherren besaßen Weinberge am Mittelrhein und im Rheingau. Der Kölner Bürger trank allerdings nicht die guten und teuren Weine, sondern den billigen Wein aus dem Vorgebirge und vom Drachenfels; und natürlich den in der Stadt angebauten Wein, der auch gern als »dr nasse Lodewig« oder »dr suure Hungk« bezeichnet wurde. Das war der Wein aus den regenreichen oder sonnenarmen Jahren. Er wurde bereits morgens zum Frühstück mit Wasser verdünnt getrunken.

1435 war ein Krisenjahr im Weinanbau. Das Klima verschlechterte sich seit Beginn des 15. Jahrhunderts. Für den Weinanbau wurden die Temperaturen zu gering. 1435 fiel die Ernte fast komplett aus. Eine einzige Wirtschaft in Köln schenkte Wein aus. Da erkannten die niederländischen Brauer ihre Chance. Es heißt: »Und sie machten das ganze Land voll mit Bier.« Von den Niederlanden herkommend, hielt das Keutebier im südlichen Niederrheingebiet Einzug. Die Verkaufspraxis der Niederländer war so aggressiv, dass die Stadt Köln bereits 1436 die Einfuhr von Keutebier verbot, um den Kölner Weinhandel zu schützen.

Das Keutebier wurde auf der Grundlage von Gerstenmalz mit Hopfen gebraut, mit einer großen Beimengung von Weizen und Dinkel. Es war wesentlich würziger als das Grutbier, das immer noch angeboten wurde. Und es war günstiger, denn Hopfen war nicht besteuert. Deshalb durfte es zunächst nicht in Köln gebraut werden. Aber die Kölner besuchten die benach-

Das Keutebier veränderte die Trinkgewohnheiten der Rheinländer.

barten Dörfer Riehl, Deutz oder Mülheim und konnten dort günstiges und gutes Keutebier zur Genüge trinken. Das gefiel weder den Kölner Brauern noch dem Schatzmeister der Stadt Köln. Denn die Brauer verloren Kunden und die Stadt Einnahmen aus der Grutsteuer. Um den Bierfreunden und den Brauern Genüge zu tun, erlaubte die Stadt gegen einen immens überhöhten Verbrauchssteuersatz ab 1471 das Brauen von Keutebier.

Aber es gab noch Probleme mit den Hausbrauereien. In jedem Haus durfte damals, wie auch heute, für den Eigenkonsum gebraut, aber nur innerhalb der Grundstücksgrenzen verzapft werden. Verkaufte man es darüber hinaus, so war man ein »Höcker« oder »Heckenzäpper«. Wurde man erwischt, gab es empfindliche Strafen für diese illegale Tat.

Ebenso waren die Klosterbiere eine üble Konkurrenz, die unversteuert und deshalb günstiger verkauft werden konnten.

Dennoch wurde Köln durch das Keutebier zu einer Stadt, in der bevorzugt Bier getrunken wurde. Im 15. Jahrhundert wurden im Stadtgebiet etwa 89 Brauereien gezählt. Der erwachsene Kölner Bürger trank offiziell zwischen 175 bis 295 Liter Keutebier pro Jahr, ohne die anderen Biersorten und das in den Privathäusern gebraute Bier zu berücksichtigen. Der Rat der Stadt achtete darauf, dass nur gute Rohstoffe zum Brauen benutzt wurden:

Innovation und Technik: Das Bier wird modern.

Malz durfte nur ungemahlen in die Stadt eingeführt werden und musste dann in der Rats-Malzmühle gemahlen werden. Die im Kaufhaus Gürzenich angelieferten Hopfensäcke wurden mit extra angefertigten Spießruten geprüft. Die Brauer mussten sich verpflichten, gute »Oberhef« und keine »Unterheuff« zu verwenden, außerdem außer Hopfen nicht irgendwelche Kräuter zum Würzen. Dies war schon ein Vorbote des Deutschen Reinheitsgebots! »Das Gebiet, aus dem die Kölner ihren Hopfen bezogen, erstreckte sich im Süden bis an den Eifelrand, im Osten bis in die Siegburger Bucht und im Norden bis auf eine Linie Grevenbroich–Heinsberg« (Fischer). Die nördliche Grenze war wohl identisch mit der Grenze des Einflussbereichs der bedeutenden Neusser Keutebierbrauer, die ihren Hopfen aus dem nördlichen Niederrhein bezogen. Die Neusser Biere waren damals berühmt für ihre Qualität, sodass die Kölner Brauer bereits um 1400 zugeben mussten, dass die Neusser Grut zum Beispiel qualitätsvoller sei als die Kölner.

Machen wir einen Sprung ins 19. und 20. Jahrhundert. Das Brauen von Bier wurde erstmals wissenschaftlich erforscht, und bedeutende Erfindungen verfeinerten die Brautradition. Louis Pasteur entdeckte die Bierhefe. Der dänische Botaniker Emil Christian Hansen stellte fest, dass nur speziell gezüchtete Hefestämme eine stets gleichbleibende Qualität des Biers sicherstellen können. Er züchtete 1883 den ersten Reinhefestamm »Saccharomyces carlsbergensis«. Der Brauvorgang wurde mit dem Thermometer und dem Saccharometer, einem Zuckermessgerät, genau beobachtet. Carl Linde erfand in den 1870er Jahren die Kältemaschine, die erstmals 1877 in der Brauerei Dreher in Triest in Betrieb ging. Mit diesen Maschinen konnte man nicht nur gut isolierte Räume kühlen, sondern auch von der Jahreszeit unabhängig Eis herstellen. Bier wurde in Flaschen abgefüllt. 1906 verordnete das Finanzministerium in Berlin das Reinheitsgebot für das ganze Deutsche Reich zur einheitlichen Besteuerung von Bier. (Der Zoll wacht seitdem über die Einhaltung dieses Gesetzes.)

Bier wurde bei einer stetig wachsenden Bevölkerungszahl das Getränk der Arbeitermassen. Als Folge dieser Entwicklung konnten kleine Brauereien dem wachsenden Konsum der Verbraucher nicht mehr nachkommen. Neben den hygienischen wuchsen auch die geschmacklichen Ansprüche. Untergäriges bayerisches Bier hielt im Rheinland Einzug. Es wurde ein Modebier, das jeder trinken wollte. Dank der modernen Technik konnte es auch unabhängig von der Witterung gebraut werden. Kalte Eiskeller tief im Fels der Mittelgebirge waren für seine Lagerung ideal. »Die Anlage von tiefen Kellern war in der Ebene wegen des hohen Grundwasserspiegels nicht ohne Weiteres möglich, und so entstanden speziell in den Großstädten Köln und Düsseldorf Standortnachteile, denn einem Umstieg von der obergärigen zur untergärigen Brauweise hatte die Natur in beiden Städten enge Grenzen gesetzt« (Herborn).

Untergäriges Bier war haltbarer und transportfähiger und deshalb »die ideale Biersorte zur Versorgung der schnell wachsenden Industriestädte«. Die mit Dampf betriebenen Sudkessel verdrängten die Pfannen, die mit direktem Feuer beheizt

wurden, auch wenn es damals Bedenken gab, dass die »Dampfbiere« den »Feuerbieren« in puncto Süffigkeit nachstünden. Die neue Technik war teuer, und nur die großen, neu entstehenden Industriebrauereien waren in der Lage, sich diese anzuschaffen.

Es setzte ein Konzentrationsprozess ein. Der Stern des obergärigen Biers begann zu sinken. »Im Jahre 1849 gab es im damaligen Siegkreis 10 Brauereien mit 15 Arbeitern. Ähnlich lagen die Verhältnisse in den Nachbarkreisen. Im Kreis Rheinbach

Untergäriges Bier verdrängt das traditionelle Obergärige.

lagen 36 Brauereien mit 61 Arbeitern und im Kreis Bonn 35 Brauereien mit 64 Arbeitern. Nur der Kreis Waldbröl hinkte der Entwicklung nach. Hier gab es nur 2 Brauereien mit je einem Brauer. Gut 50 Jahre später, im Jahre 1907, sieht die Brauereilandschaft in Siegburg und Umgebung schon ganz anders aus. Im Kreis Siegburg gab es zwar noch 8 Brauereien, aber deren Beschäftigtenzahl lag bei 119 Arbeitern. Im Kreis Rheinbach waren von den 36 Brauereien nur 6 übrig geblieben, die 56 Arbeitern Lohn und Brot einbrachten, und im Kreis Bonn Stadt und Land war die Zahl der Brauereien von 35 auf 9 geschrumpft. Diese 9 Brauereien beschäftigten aber 208 Arbeiter. Die beiden Brauereien im Kreis Waldbröl waren untergegangen« (Herborn).

In Düsseldorf war die gleiche Tendenz zu beobachten: Während es um 1860 noch 199 Brauereien gegeben hatte, hatte sich die Zahl rund 40 Jahre später, um 1900, auf 43 Brauereien reduziert. Ähnlich war es in Köln: 1861 gab es hier 123 Brauereien. Es handelte sich hauptsächlich um kleine Hausbrauereien, die ihr Bier direkt in dem eigenen Brauereiausschank verzapften. Jeder konnte sich dort sein Bier im Siphon oder in der Bierkanne für den Konsum zu Hause abholen. Bierhandel oder gar Bierexport fanden nur in geringem Ma-

Ob Alt, ob Kölsch, ob Pils: Die Rheinländer lieben ihr Bier!

ße statt. Die großen Brauereien produzierten günstiger als die kleinen. Zudem wurde vermehrt in Flaschen abgefüllt. Im Jahr 1895 sank die Zahl der Brauereien auf 67, und fünf Jahre später waren es nur noch 50 Braustätten in Köln.

Aber der Rat der Stadt Köln schützte die kleinen Hausbrauereien gegen die sich schnell ausbreitenden Wirtshäuser der Großbetriebe. 1890 wurde die Konzessionspflicht für Gaststätten eingeführt, die der Neueröffnung von Gaststätten engere Grenzen setzte. Vermehrt wurde jetzt wieder von den großen Brauereien das traditionelle obergärige kölsche Wieß gebraut, das sich dank seiner langen Tradition gegen die untergärige Konkurrenz durchzusetzen begann. Ab den 1930er Jahren führte das heimische obergärige Bier, ob das dunkle Alt, Brung oder Düssel oder

das helle Kölsch Wieß, jedoch wieder ein Nischendasein.

Nach dem Zweiten Weltkrieg ging es aufwärts für das heimische Bier. Wachsender Wohlstand, veränderter Geschmack, Markenbewusstsein und die Hinwendung zu (s)einer Biermarke führten zu einem Wandel in der Bierwelt. Bei den untergärigen Bieren wurde das Exportbier vom schlankeren, stärker gehopften Pils abgelöst. Das obergärige Alt behielt die Farbe; der Geschmack wurde je nach Brauerei malziger oder bitterer. Kölsch Wieß passte sich dem Pils-Trend an und wurde zum filtrierten, blanken Kölsch. Der Clou: Die Kölsch-Brauer ließen sich ihr Bier europaweit schützen. Mit der Kölsch-Konvention (1986) und der sich daraus ergebenen geografischen geschützten Angabe (1999) haben sie im Rheinland ein Alleinstellungsmerkmal.

Die Rheinländer identifizierten sich immer stärker mit ihrem persönlichen Lieblingsbier. In den 1960er/1970er Jahren wurde am Niederrhein zu etwa 50 Prozent obergäriges Bier getrunken. Gerade die obergärigen Brauereien erlebten einen Aufschwung, blieben aber NRW- und bundesweit immer hinter den großen Pils-Brauereien zurück. Positiv herauskristallisiert hat sich bis heute die Brauhauskultur. Kleinere Privatbrauereien und Gasthausbrauereien bieten ihren Gästen ihr individuelles, nur an wenigen Stellen ausgeschenktes Bier an. Das heißt, auch große Brauereien setzen bei hoher Qualität wieder auf die Tradition der klassischen Brauhäuser.

BRAUEN IST EINE KUNST!

Brauen ist die Kunst, aus einem knochentrockenen Stoff mit Hilfe von Kleinstlebewesen eine leckere süffige Flüssigkeit herzustellen. Ich ziehe vor jedem Braumeister den Hut, der es versteht, ein gutes Bier zu brauen. In Deutschland wird Bier seit 1906 nach dem Deutschen Reinheitsgebot gebraut, das bereits im Jahr 1516 von den beiden herzoglichen Brüdern Wilhelm IV. und Ludwig X. von Bayern für ihr Land erlassen worden war. Es durften nach diesem Gebot nur Gerste(nmalz), Hopfen und Wasser verwandt werden. Dementsprechend wurde Weizenmalz 1516 als Brotgetreide ausgeschlossen, was einen existenziellen Grund hatte: In Jahren mit schlechter Ernte verkauften die bayrischen Bauern ihr Getreide lieber an die gut bezahlenden Brauer als an die nicht so gut zahlenden Bäcker. Um die Bevölkerung vor dem Hunger zu schützen, wurde die Gerste als alleiniges Braugetreide festgelegt. Genau genommen sind damit Weizen- oder Biere aus einem anderen Getreide als Gerste nicht nach dem Reinheitsgebot von 1516 gebraut.

Heute ist das »Reinheitsgebot« weiter gefasst. Nach § 9 der Bekanntmachungen der Neufassung des Vorläufigen Biergesetzes vom 29.7.1993 ist es erlaubt, für obergäriges Bier Zusatzstoffe zu verwenden:

§ 9 (1) Zur Bereitung von untergärigem Bier darf nur Gerstenmalz, Hopfen, Hefe und Wasser verwendet werden. Die Bereitung von obergärigem Bier unterliegt derselben Vorschrift; es ist hierbei jedoch auch die Verwendung von anderem Malz und die Verwendung von technisch reinem Rohr-, Rüben- und Invertzucker sowie von Stärkezucker und aus Zucker der bezeichneten Art hergestellten Farbmitteln zulässig.

Diese Bestimmung gilt für in Deutschland gebrautes oder verkauftes Bier. Deutsche Brauereien, die ihr Bier ins Ausland verkaufen, brauchen sich daran nicht zu halten. Deutsche Brauereien und ausländische Brauereien, die ihr »Bier« nicht den Kriterien entsprechend brauen, dürfen dieses Getränk in Deutschland nicht Bier nen-

Vier Rohstoffe braucht das Bier: Malz, Wasser, Hopfen, Hefe.

nen. Biere, die nicht nach dem Reinheitsgebot gebraut und in Deutschland verkauft werden, müssen ihre abweichenden Inhaltsstoffe auf dem Etikett anzeigen.

Der Brauprozess selbst beginnt im Sudhaus. Hier werden die trockenste und die flüssigste Zutat – Malz und Wasser – zusammengeführt. Beide müssen von ausgezeichneter Qualität sein.

Malz ist ein gekeimtes und getrocknetes Korn. Ein Korn, sei es Gerste oder Weizen, wird geweicht und zum Keimen gebracht. Der Keimling bahnt sich seinen Weg wie auch die kleinen Wurzeln. Sind beide so lang wie das Korn selbst, so ist das Grünmalz, wie das Korn nun genannt wird, bereit zum Trocknen oder Darren. Auf ganz feinen Gitterrosten, den Darren, wird das Grünmalz mit heißer Luft durchblasen, bis es knochentrocken ist und leicht süßlich schmeckt. Die Temperatur beim Darren bestimmt die Farbe des Malzes und somit auch des späteren Biers. Je höher die Temperatur, desto dunkler das Malz. Das Malz wird in einer Trommel gerubbelt, geputzt und poliert. Der Keimling und die Wurzeln fallen ab, auch Teile der Spelzenhülle. Das Braumalz ist fertig und kann der Brauerei geliefert werden.

Wasser ist der zweite Stoff, der zum Brauen notwendig ist. Reines und weiches Brauwasser lässt die Inhaltsstoffe von Malz und Hopfen voll zur Geltung bringen, ohne selbst den Geschmack des Biers zu beeinflussen. Brauwasser muss rein und mindestens von Trinkwasserqualität sein. Mittels moderner Wasseraufbereitungsanlagen ist es technisch möglich, dass jedes Wasser Brauwasserqualität erreichen

Maischen, Läutern, Würzekochen – der Dreischritt für ein gutes Bier.

kann. Die Brauereien selbst achten darauf, dass ihre eigenen Brunnen oder Quellen ohne Verunreinigungen sind.

Das Malz wird geschrotet, also grob gemahlen. Das Wasser wird erwärmt. Beides wird dann zusammengeführt und miteinander vermischt: Es wird eingemaischt. Dies geschieht im Maischbottich. Hier wird der Maische langsam und stetig Wärme zugeführt. Im gekeimten Korn sind bereits auf natürlichem Wege Enzyme entstanden, die Stärke in Zucker verwandeln können. Diese Enzyme werden nun im Maischbottich geweckt und beginnen damit, die Stärke in Zucker zu zerlegen. Auch alle anderen löslichen Bestandteile gehen im Wasser auf. Es entsteht eine aromatische Zuckerwasserlösung, die Vorderwürze.

Es gibt zwei verschiedene Maischverfahren. Zum einen wird die Maische kontinuierlich in einem Gefäß erhitzt (Infusionsverfahren), zum anderen kann die Maische – durch ein- oder mehrmaliges Kochen eines Teils der Maische in einem zweiten Gefäß – auf die Temperatur gebracht werden, die für die Enzymtätigkeit optimal ist (Dekoktionsverfahren).

Vom Maischbottich geht nun der Weg der fertigen Maische in den Läuterbottich. Der Läuterbottich ist mit einem Hackwerk ausgestattet, mit dem die Maische aufgelockert werden kann. Die Vorderwürze wird im Läuterbottich abgeläutert, das heißt gesammelt und in die Würzepfanne gepumpt. Die Maische wird aufgelockert; gleichzeitig mit dem Auflockern der Maische wird frisches warmes Wasser zugeführt. Quasi ein zweiter, dritter, vierter Maisch- und Läuterprozess beginnt. Das Wasser löst so nach und nach alle Bestandteile, die sich in der Maische befinden und zum Brauen benötigt werden. Zurück bleiben die Treber. Diese werden in ein Silo gepumpt und können von

Bauern als Viehfutter zum Beispiel für die Schweine benutzt werden.

Der Hopfen (Humulus lupulus) wird in der Würzepfanne zugegeben. Es wird selten Naturhopfen zum Brauen verwandt, da die im Hopfen enthaltenen ätherischen Öle eine sensible und somit teure Lagerung verlangen. Aus diesem Grund werden meist Hopfenpellets oder Hopfenextrakt benutzt. Hopfenpellets bestehen aus fein gemahlenem Hopfen, der getrocknet und gepresst wird. Sie sehen aus wie Kaninchenfutter. Zur Herstellung von Hopfenextrakt wird Hopfen mit flüssigem Kohlendioxid ausgewaschen, sodass die Aroma- und Wirkstoffe des Hopfens auf schonende Weise gelöst werden.

Ist das Malz der Körper des Biers, so ist der Hopfen die Seele. Er bringt das feine herb-bittere Aroma mit, er ist für Haltbarkeit sowie die Schaumbildung des Biers mitverantwortlich, und er tötet die Keime im Bier ab und wirkt so antiseptisch. Zum Brauen werden nur die weiblichen Dolden der Hopfenpflanzen benötigt; und auch nur die weiblichen Pflanzen werden angebaut. Es besteht tatsächlich eine gesetzliche Pflicht, alle im Hopfenanbaugebiet befindlichen männlichen Hopfenpflanzen zu roden. Es darf zu keiner Befruchtung kommen, da damit eine »Brauwertminderung« eintritt! Die weiblichen Hopfendolden enthalten die Lupulinkörner, in deren Drüsen sich die Hopfenbitterstoffe, die Hopfenöle und Teile der Gerbstoffe befinden. Diese Mischung von wertvollen Stoffen ist für das Brauen eines guten Biers wichtig.

Zurück zum Brauprozess. Der Hopfen wird der Würze in der Würzepfanne zugegeben. Das gehopfte Zuckerwasser wird etwa eine Stunde gekocht. Dabei lösen sich die Aromastoffe des Hopfens und verbinden sich mit dem Aroma des Malzes. Die immer noch aktiven Enzyme werden zerstört. Die Würze kann sich so chemisch nicht mehr verändern; sie wird sterilisiert und durch Verdampfung konzentriert.

Ist das Malz der Körper des Biers, so ist der Hopfen die Seele ...

Durch die Hopfengabe und das Aufkochen wird Bier zu einem der reinsten Lebensmittel, das es überhaupt gibt!

Jeder, der sich für Bier interessiert, hat schon den Begriff »Stammwürzgehalt« gehört. Die Stammwürze sind alle in Lösung befindlichen Stoffe aus dem Malz, dem Hopfen und dem Wasser. Sie wird in Prozenten gemessen. Man kann von dem Gehalt der Stammwürze auf den Alkoholgehalt des Biers schließen. Der Stammwürzgehalt ist aber nicht nur für den Alkoholgehalt des Biers wichtig, sondern auch für Vater Staat. Legt dieser doch nach ihm die Besteuerung des Biers fest: Je gehaltvoller das Bier ist, desto höher die Besteuerung.

Ist die Würze abgekühlt, gelangt sie in den Gärkeller, bei größeren Brauereien in die hohen konisch-zylindrischen Gärtanks. Dort trifft sie auf die Hefe.

Und hier entscheidet es sich, ob die Würze zu obergärigem oder untergärigem Bier vergoren wird.

Weizenbier und Kölsch sind obergärige Biere, ebenso das Altbier, die Berliner Weiße, die Leipziger Gose sowie Ale, Bitter und Stout im angelsächsischen Sprachraum. Untergärige Biere kennen wir als Pils, Export, Märzen, die Bockbiere sowie die Lagerbiere.

Bei obergärigen Bieren steigt die Hefe während des Gärprozesses nach oben. Sie bildet einen dicken »Hefeschaum«. Die untergärige Hefe sinkt nach unten ab; sie sedimentiert, die Hefeschicht ist dünner als bei der Obergärung.

Ober- und untergärige Hefe sind zwei absolut unterschiedliche Hefestämme, die bei verschiedener Temperatur vergären.

... und die Hefe die Hebamme des vollkommenen Biergenusses.

Obergärige Biere werden bei Temperaturen von 16 bis 22 Grad Celsius innerhalb von ein bis zwei Tagen vergoren. Untergärige Biere brauchen dafür bei drei bis sechs Grad Celsius etwa vier bis fünf Tage. Darauf folgt eine Reifezeit, die bei obergärigen Bieren circa 14 Tage dauert; untergärige Biere reiften früher dagegen sechs bis acht Wochen, dank moderner Technik können die untergärigen Biere aber genauso schnell gebraut werden wie die obergärigen.

Bierhefe wird erst seit den 1870er Jahren bewusst und wissenschaftlich fundiert benutzt. Vorher fand ein mehr oder weniger unkontrollierter Brauprozess statt.

Während der Gärung verarbeiten die Hefebakterien den Malzzucker in Alkohol, Kohlendioxid und Wärme. Es entsteht das Jungbier. Sind alle verwertbaren Stoffe umgesetzt, wird die Hefe abgezogen. Wie jeder junge Spund muss ein gutes Bier reifen, bis sich ein runder vollmundiger Geschmack entwickelt hat.

Für die naturtrüben Biere ist jetzt der Brauprozess beendet. In den Lagertanks können sie in Ruhe auf ihre Bestimmung warten. Für kristallklare Biere geht der Prozess weiter. Die Filtration ist die letzte Bearbeitungsstufe. Hier wird mit verschiedenen Methoden das Bier blank. Dies geschieht zum Beispiel in Zentrifugen oder großen Plattenfiltern. Jetzt beginnt auch für die blanken Biere der Reifungsprozess. Meist sind vom Einmaischen bis zum fertigen obergärigen Bier 15 bis 16 Tage verstrichen, bei untergärigem etwa sieben bis neun Wochen. Dann kann es in Flaschen, in Fässer oder Biertanks für die Gastronomie abgefüllt werden.

NIEDERRHEIN UND RUHRGEBIET

1

Kalkarer Mühle – Kalkar

» Heute back ich, morgen brau ich, übermorgen hol ich der Königin ihr Kind ...«, so schreit es das Rumpelstilzchen, auf einem Bein um das Feuer springend, in der trügerischen Gewissheit, dass es von niemandem gehört wird.

Backen und Brauen, das war in früheren Zeiten das Alltagsgeschäft der Frauen, die für ihre Familien sorgen mussten. Backen und Brauen, diese Reihenfolge war wichtig. Aus Erfahrung wusste frau, dass das Bier besser gelingt, wenn es nach dem Backtag gebraut wird. Außerdem war es praktisch, denn zum Backen und Brauen braucht man gleichermaßen gemahlenes Korn.

Mit einem freundlichen »Glück zu« verabschiedet mich Gerd Hage, Zweiter Vorsitzender des Vereins Kalkarer Mühle am

Sudwerk im gemütlichen Brauhaus.

Hanselaer Tor e. V., nach dem Besuch der Brauerei und der alten Kalkarer Mühle. Herr Hage ist nicht der Brauer; er ist einer der drei »Windmüller«, die diese herrlich restaurierte Mühle betreiben. Er führt mich durch die Mühle vom Erdgeschoss bis hinein in die Haube. Ein echtes Erlebnis, das mir große Freude bereitet hat!

Die 27 Meter hohe Turmwindmühle wurde 1770 errichtet aus den Steinen des Hanselaer Tors, dem östlichen Stadttor von Kalkar. Es war baufällig geworden. Da kam dem Stadtrat das Angebot eines Lederfabrikanten gerade recht, das Stadttor zu kaufen, abzureißen und stattdessen eine feste Brücke zu errichten. Die übrig gebliebenen Steine wurden zum Bau einer

Kalkarer Mühlenbier
alc. 5,4 % vol.; 13,3 % Stammwürze; untergärig; unfiltriert

Zahlen & Fakten:
Ausschlagwürze pro Sud:
2,2 Hektoliter
Ausschlagmenge pro Jahr:
ca. 120 Hektoliter
Absatzgebiet: Brauhaus

Infos rund um die Brauerei:
Kalkarer Mühle, Mühlenstege 8,
47546 Kalkar
Tel. 02824/932 30
info@kalkarermuehle.de
www.kalkarer-muehle.de,
www.kalkarermuehle.de

Eigentümer: Verein Kalkarer Mühle am Hanselaer Tor e. V. (Mühlenverein)
Gründungsjahr: 1996

Öffnungszeiten Brauhaus:
bitte im Internet informieren
Öffnungszeiten Biergarten:
bei schönem Wetter

Brauereibesichtigungen: nach Absprache; Hausbrauseminare
Mühlenführungen: nach Absprache unter Tel. 02824/47 09 oder 02823/889 33

Ausflugsziele & Aktivitäten
- Führung in der Kalkarer Mühle
- mittelalterlicher Stadtkern von Kalkar
- Nicolai-Kirche
- Städtisches Museum
- Freizeitpark Wunderland Kalkar
- Radwandern auf der Via Romana

Obenkammrad mit Flügelwelle.

Lohmühle verwandt. Der Hintergedanke des geschäftstüchtigen Mannes: Zum Gerben von Leder brauchte man Lohe. Diese wurde gewonnen aus der gerbstoffreichen Rinde von Stieleichen, aber auch Akazien und Fichten. Lohwälder oder Lohhecken wurden gepflanzt; besonders gut eigneten sich dafür Bach- oder Flussauen. Die Rinde der Bäume musste zerkleinert und dann fein gemahlen werden; die Gerberlohe entstand. So kam Kalkar zur höchsten Mühle am Niederrhein.

Um 1800 fand die Umwidmung zur Getreidemühle statt. Im weiteren 19. Jahrhundert kamen die Scheune sowie das Müllerhaus hinzu. 1985 wurden die drei Gebäude als Ensemble in die Denkmalliste eingetragen. Renovierungsarbeiten waren dringend notwendig, und das dafür benötigte Geld musste aufgetrieben werden. Die Kalkarer Bruderschaften und Gilden sowie weitere engagierte Bürger gründeten den Mühlenverein. Liebevoll und detailgetreu herausgeputzt, lebte die alte Mühle förmlich wieder auf – ein voll funktionsfähiges Kleinod der Mühlenkultur. Das Korn, das hier gemahlen wird, wird bei einem Bauern abgeholt, geschrotet und als hochwertiges Viehfutter wieder zurückgebracht.

Die Brautradition in Kalkar ist fast so alt wie die Stadt selbst: 1230 wurde Kalkar gegründet, 1242 bekamen der Ort die Stadtrechte und die Kalkarer Bürger das Privileg zum Brauen und zur Tuchherstellung. 42 Brauer zählte man in der Stadt. Es wurde das Grutbier gebraut. Dieser alten Tradition fühlte sich der Mühlenverein verpflichtet, als beschlossen wurde, in die Scheune, in der ein ausgezeichnetes Restaurant untergebracht ist, eine Hausbrauerei zu integrieren.

Seitdem wird das bernsteinfarbene »Kalkarer Mühlenbier« gebraut in der Art der Märzenbiere: malzig, naturtrüb, wenig gespundet, »mit festem Biss«. Zehn »Brauer« kümmern sich – unter der Oberaufsicht von Braumeister Winfried Jäger – darum, dass der leckere Gerstensaft nicht ausgeht. Und nebenbei: Neugierig, wie man war, versuchten die zehn »Brauer«, nach altem Rezept ein Grutbier herzustellen. Das Bier wurde gebraut. Der Geschmack entsprach nicht unseren heutigen Vorstellungen von Bier. Aber das Experiment war geglückt!

Walter Bräu – Wesel-Büderich

Die Braustube der Kleinstbrauerei »Walter Bräu« und der sich anschließende Biergarten sind etwas ganz Spezielles. Wer ein klassisches Brauhaus erwartet mit blank gescheuerten Tischen und Holzvertäfelung an der Wand wird enttäuscht – oder eben auch nicht. Bei Walter Bräu ist – fast – alles irgendwie anders.

Nichts ist hier von der Stange oder durchgestylt, alles ist ein großes Sammelsurium und verströmt einen Hauch von schräger Nostalgie.

Der Eingang zur Brauerei ist eine ganz normale Haustür wie bei einem Einfamilienhaus; sommers mit einem Fliegennetz abgehangen. Links geht es ins Esszimmer, geradeaus zur Brauerei, rechts ins Wohnhaus der Familie Hüsges. Aber da hat der Gast natürlich nichts zu suchen, denn die Privatsphäre muss gewahrt bleiben. Im »Esszimmer« stehen eine Anrichte, Tische mit Spitzendeckchen und Stühle aus alten Zeiten sowie eine große, aus über 1.000 Exemplaren bestehende Glassammlung. Dahinter liegt das große Wohnzimmer: ein-

Plüschsofa und Eckkamin: das Brauhaus als »gute Stube«.

Ein Biergarten wie in Bayern!

gerichtet mit einem roten Plüschsofa zwischen Wandkreuz und Eckkamin! Die Wände sind mit großen Kacheln versehen, auf dem Boden liegt ein Perserteppich. Auf dem 1950er-Jahre-Glasschrank stehen die passende Uhr und eine Gruppe Mönche, die genüsslich ihr Bier verkosten. Hier ist der Gast auf Besuch und trinkt nebenbei sein frisches Bier.

Der Biergarten pflegt eine bayrische Tradition: Die Gäste bringen ihre Verpflegung selbst mit. Für eine niederrheinische Brotzeit ist jedoch immer gesorgt. Wer bekocht werden möchte – das gilt insbesondere für Gruppen –, sollte dies vorher anmelden. Unter Bäumen im Grünen, bei heißem Wetter gut geschützt, sind alle Sinne gefordert. Ein frisch gemachtes Eisengitterbett mit klein gemustertem Paradekopfkissen und Plumeau, daneben ein Kinderbollerwagen mit Schmusepuppe, auf dem Nachttisch im Einmachglas: Malz. Hahn Hermann überwacht die Szenerie, gefolgt von sechs Hühnern und seit Neuestem sieben Laufenten.

Eigentlich hatte Walter Hüsges noch eine »Dummheit« begehen wollen, bevor er endgültig in Rente gehen würde. Eine kleine Brauerei im Haus, mit Spaß ein Bier selbst brauen und an durstige Gäste ausschenken. Es sollte eine »Wochenendgeschichte« werden. Das war eine grobe Fehleinschätzung. Denn erstens war der Behördenweg steinig; es dauerte zwei Jahre, bis er die Genehmigung bekam, unter anderem mit der Auflage, Braustube und Biergarten um 22 Uhr zu schließen. Und zweitens kamen die Biere, die er braute, so gut an, dass die Bewirtung der Besucher inzwischen nur noch mit dem Einsatz der ganzen Familie zu bewältigen ist.

Walters Rotbier	alc. 5,2 % vol.; 12,1 % Stammwürze; obergärig; unfiltriert
Walters Landbier	alc. 5,2 % vol.; 12,1 % Stammwürze; obergärig; unfiltriert
Walters Klosterbräu	alc. 5,2 % vol.; 12,1 % Stammwürze; obergärig; unfiltriert

Als Dipl. Braumeister (VLB) hat Walter Hüsges in diversen Brauereien gearbeitet und Erfahrung gesammelt. Deshalb war die Fülle seiner »Bierideen« groß. Und in einer Kleinstbrauerei mit 200-Liter-Sudwerk ist es auch kein Problem zu experimentieren. Neben den »Standardbieren« braut er verschiedene Bockbiere, Weizenbier und »Hildegard Bräu«, ein Dinkelbier, das er persönlich nicht so mag, im Gegensatz zu seiner Frau. Beim nächsten Brauen will er die Malzmischung ein wenig verändern. Es ist benannt nach Hildegard von Bingen, die sich mit der Heilkraft der Pflanzen beschäftigte und gewiss auch dieses Bier genossen hätte. Neueste Kreation ist der »Weseler Brückenschlag – ein Bier, das verbindet«. Der Anlass war im Jahr 2009 die Einweihung der neuen Brücke über den Rhein. Das Bergbaumuseum in Bochum bezieht aus Büderich das »Barbara Bier«. Die heilige Barbara ist die Schutzheilige der Bergleute und Tunnelbauer.

Familie Hüsges ist regional gut vernetzt: Die Treber, die beim Bierbrauen anfallen, werden vom Bauer in Perrich abgeholt und an das Vieh verfüttert. Die Schweine und Rinder werden an den Metzger in Büderich geliefert, von denen Hüsges Fleisch und Wurst beziehen. Auch ein Büdericher Bäcker ist an Treber als Ballaststoff für sein Brot interessiert.

Wer übrigens seinen Weg nicht mehr nach Hause finden sollte, der kann auch in einem der drei einfachen Gästezimmer übernachten. Oder man quartiert sich direkt hier ein und erkundet den Niederrhein per Rad.

Zahlen & Fakten:
Ausschlagwürze pro Sud:
2 Hektoliter
Ausschlagmenge pro Jahr: 2008:
88 Hektoliter; 2009: 125 Hektoliter;
2010: 160 Hektoliter
Absatzgebiet: Brauhaus

Infos rund um die Brauerei:
Walter Bräu Büderich, Perricher
Weg 54c, 46487 Wesel-Büderich
Tel. 02803/15 97
Fax 02803/80 46 38
info@walterbrau.de
www.walterbrau.de

Eigentümer: Familie Hüsges
Gründungsjahr: Juli 2007

Öffnungszeiten Brauhaus: Mi 17–22 Uhr, Do–So, feiertags 11–22 Uhr
Öffnungszeiten Biergarten:
bei schönem Wetter
Brauseminare: ja
Bier kaufen vor Ort: Henkelflaschen-Siphons, 0,5-Liter-Bügelverschlussflaschen, Fässchen

Ausflugsziele & Aktivitäten:
- Radfahren (von Orsoy mit der Fähre nach Walsum)
- NaturForum Bislicher Insel
- Naturschutzgebiet Bislicher Insel
- Weseler Rheinpromenade
- Preußen-Museum NRW in Wesel
- Kloster Kraul: Wein-Freilicht-Museum
- Sternwarte Büderich (Voranmeldung erforderlich)

Diebels – Issum

Wer nach dem Workshop bei der Diebels Brauerei ein Fass Bier beim Anschlagen zum Spritzen bringt, ist es selbst schuld. Wer das Zapfdiplom bei der Brauerei erhalten hat, muss das können. In einem separaten »Versuchslabor« werden das Anschlagen von Fässern und das Zapfen von Bier unter realen Bedingungen geübt. Da kann es schon mal ganz schön spritzen. Ob Pittermännchen oder KEG-Anlage, Bier wird bei den Übungen nicht verschwendet. In den Fässern ist – zum Glück – erst einmal nur Wasser. Die Bierglaspflege, die richtige Trinktemperatur sowie die Lagerung von Bier sind weitere Themen, über die ausführlich gesprochen wird. Gepflegte Bierkultur steht an erster Stelle und soll den Teilnehmerinnen und Teilnehmern vermittelt

Brauhaus
»Diebels
live«.

werden. Wie Bier gebraut wird, erfahren sie auf den kurzweiligen Brauereiführungen, die jeweils mit einem leckeren zünftigen Essen ihren Abschluss finden. Die Betreuerinnen lesen den Gästen jeden Wunsch von den Augen ab.

Diebels ist der Marktführer auf dem Altbiersektor. Bundesweit ist Diebels Alt erhältlich. Gegründet wurde die Brauerei 1878 von dem Krefelder Braumeister Josef Diebels als Exportbierbrauerei. Aus Verbundenheit zu seinem Brauereistandort wählte er für sein Logo den oberen Teil des Issumer Gemeindewappens, den aufspringenden Hirsch. Zum Exportbier gesellten sich im Laufe der Zeit weitere Biersorten: Pils, Starkbiere, Dunkelbier und – natürlich – Altbier. Der Absatz stieg. Bereits 1899 wurden beachtliche 11.000

Hektoliter Bier produziert, 1928 waren es 24.500 Hektoliter. Nach dem Zweiten Weltkrieg ging es rasant aufwärts. Modernste Technik machte es möglich, dass 1975 die 500.000-Hektoliter-Marke überschritten wurde; sechs Jahre später wurden eine Million Hektoliter gebraut. Bereits seit 1967 benutzte Diebels als erste Brauerei zum Abläutern einen »Strainmaster« und zum Vergären von obergärigem Alt zylindrokonische Gärtanks. Die Erweiterung der Brauerei war unumgänglich.

Der Altbiersektor in Deutschland boomte in den 1970er Jahren. Aus einer regionalen Brauerei wurde Diebels zu einer bundesweit bekannten Marke, die auch durch ihre Werbung große Aufmerksamkeit erreichte. Seit 1977 wurde Diebels Alt als einziges Altbier gebraut. 1987

»Zapfstube« und Sudhaus.

wurde zum ersten Mal ein alkoholfreies Alt auf den Markt gebracht, ein Alleinstellungsmerkmal für Diebels. Bis 1993 wurde es unter dem Markennamen »Issumer Alt alkoholfrei« verkauft, der sich zu »Diebels Alkoholfrei« wandelte.

2001 wurde die Familienbrauerei am Niederrhein in die belgische Interbrew-Gruppe integriert, die heute – nach der Übernahme von Anheuser-Busch – unter der Bezeichnung »InBev« firmiert. Seit 2005 wird auch wieder ein Diebels Pils angeboten. Die Brauereianlage in Issum gehört zu den großen Brauereien im Rheinland. Außer der traditionellen Marke Diebels werden zur Auslastung der Braukapazität auch andere Produkte des Konzerns gebraut, zum Beispiel für den Westdeutschen Raum Beck's Bier.

Diebels Alt
alc. 4,9 % vol.; 12 % Stammwürze; untergärig
Diebels Pils
alc. 4,9 % vol.; 12 % % Stammwürze; untergärig
Diebels Light
alc. 2,7 % vol.; 7,3 % Stammwürze; untergärig

Zahlen & Fakten:
Ausschlagwürze pro Sud:
700 Hektoliter
Ausschlagmenge pro Jahr:
650.000 Hektoliter
Absatzgebiet: Deutschland

Infos rund um die Brauerei:
Brauerei Diebels GmbH & Co. KG,
Brauerei-Diebels-Straße 1, 4761 Issum
Tel. 02835/30-0
Fax 02835/30-145
info@einschoener-tag.de
www.diebels.de

Eigentümer: InBev Deutschland
Gründungsjahr: 1878

Öffnungszeiten Brauhaus: »Diebels live«,
Do–Fr ab 17 Uhr, Sa, So ab 11 Uhr
Tel. 02835/446 59-11 • Fax 02835/446 59-12 • www.diebels-live.de

Brauereibesichtigungen:
ja, Anmeldung notwendig
Brauereishop online: ja

Ausflugsziele & Aktivitäten
- Fahrradwandern
- historische Windmühlen: Herrlichkeitsmühle und Dahlener Mühle

Walsumer Brauhaus Urfels – Duisburg

Radfahrer? Ja, bitte!« Diesen Eindruck vermittelt der großzügige Fahrradparkplatz direkt neben dem Biergarten. Und er wird genutzt – nicht nur am Wochenende, sondern auch mittags in der Woche. Ob das am frisch gebrauten Bier liegt, dem leckeren Essen oder am Flair, das das Brauhaus und sommers der Biergarten verströmen? Auch wenn sich das ehemalige Bergwerk Walsum und der Nordhafen in unmittelbarer Nachbarschaft befinden und die Industrie sehr nahe ist, hat man hier das Gefühl von Ruhe und Behaglichkeit. Nichts ist eng; Grün ist die Farbe der Wahl. Eine Holzbrücke führt über einen kleinen Bach, der in einem hübsch angelegten, urwüchsig anmutenden Teich entspringt. Hier wurde hervorragend geplant und mit viel Liebe zum Detail gestaltet. Hermann Hövelmann, Mitinhaber der »Rheinfels Quelle«, hat sich ein hübsches Kleinod geschaffen.

Das Walsumer Brauhaus Urfels wurde 1995 mit der Verwaltung der Brunnen-Firma eröffnet. Beide bilden eine architektonische Einheit. Die Verwandtschaft ist auch an den Namen Urfels – Rheinfels erkennbar.

Das blitzblanke Zwei-Geräte-Sudwerk – die kupfernen Oberteile der Pfannen sind handgetrieben – ist vom Biergarten aus zu erkennen. Dem Braumeister kann während seiner Arbeit zugeschaut werden. Auch hier geschieht alles händisch, kein Computer steuert die Anlage. Einmaischgefäß und Außenkocher befinden sich im Kellergeschoss. Die Etiketten werden von Braumeister Christian Mönig persönlich

Walsumer Hell	alc. 4,8 % vol.; 11 % Stammwürze; untergärig; unfiltriert
Walsumer Dunkel	alc. 4,8 % vol.; 11 % Stammwürze; obergärig; unfiltriert
Saisonbiere:	
Märzen	alc. 5,3 % vol.; 13 % Stammwürze; untergärig; unfiltriert
Weizen	alc. 4,8 % vol.; 11 % Stammwürze; obergärig; unfiltriert
Erntebier	alc. 5,3 % vol.; 13 % Stammwürze; untergärig; unfiltriert
Weihnachtsbier	alc. 4,9 % vol.; 12 % Stammwürze; untergärig; unfiltriert
Winterbockbier	alc. 6,2 % vol.; 16 % Stammwürze; untergärig; unfiltriert
Karnevalspils	alc. 4,8 % vol.; 11 % Stammwürze; untergärig; unfiltriert
Maibockbier	alc. 6,2 % vol.; 16 % Stammwürze; untergärig; unfiltriert

Sudhaus mit Blick zum Biergarten.

Handwerkszeug des Brauers: Saccharometer, Thermometer, Messlatte und Schlauch.

Zahlen & Fakten:
Ausschlagwürze pro Sud:
zw. 6–10 Hektoliter
Ausschlagmenge pro Jahr:
880 Hektoliter
Absatzgebiet: Brauhaus

Infos rund um die Brauerei:
Walsumer Brauhaus Urfels,
Römerstraße 109,
47179 Duisburg-Walsum
Tel. 0203/99 19-450
info@brauhaus-urfels.de
www.brauhaus-urfels.de

Eigentümer: Hermann Hövelmann
Gründungsjahr: 1995

Öffnungszeiten Brauhaus:
Mo 11.30–23 Uhr, Di–Do
11.30–24 Uhr, Fr, Sa 11.30–1 Uhr,
So, feiertags 10–23 Uhr
Öffnungszeiten Biergarten:
bei schönem Wetter
Öffnungszeiten Brauerei: 8–16 Uhr
Brauereibesichtigungen: nach Abspra-
che mit dem Braumeister
Bier kaufen vor Ort: Henkelflaschen-
Siphons, Literflaschen, Fässchen

Ausflugsziele & Aktivitäten
- Zwischenziel für Fahrradtouren
- Innenhafen Duisburg
- Landschaftspark Nord
- Merkez Moschee
- Besichtigung Rheinfels Quelle

auf die Flaschen geklebt. Ein echter Ein-
mannbetrieb.

Standardbiere sind das Walsumer Hell
und das Walsumer Dunkel. Letzteres
ist mit einer ganz zarten Rauchnote versehen. Je nach Jahreszeit gibt es Saisonbiere – aber nur einen Sud. Das im Herbst
gebraute »Oktoberfestbier« musste Christian Mönig umbenennen. Die Veranstal-
ter des Oktoberfestes in München hatten
Einspruch eingelegt. Seitdem heißt das
Bier »Erntebier«, was ich persönlich für
die Jahreszeit sogar passender finde. Übrigens – auf Wunsch kann auch das ganz
persönliche Bier bestellt werden; die Min-
destabnahmemenge sind 600 Liter. Braumeister Mönig braut es dann exklusiv nach
dem vorgegebenen Rezept.

König-Brauerei – Duisburg

1,2 Kilometer Strecke und 1,3 Millionen Hektoliter Köpi. Das sind die Eckdaten, auf die sich die Besucher der König-Brauerei in Duisburg-Beeck einstellen müssen. Eine hochmoderne Brauerei, die ihre Vergangenheit zeigt. Das moderne Sudhaus – Edelstahl futuristisch mit Naturschiefer verkleidet – neben dem alten Sudhaus – 1960er-Jahre-Kacheln in Verbindung mit kupfernen Beschlägen. Zehn Meter unter der Oberfläche läuft man an schön gestalteten Naturholztüren vorbei, hinter denen sich riesige Lagerräume verbergen, und man passiert die alten stahlemaillierten Tanks, in die früher die Arbeiter hineinkriechen mussten, um sie mit der Hand zu reinigen. Und immer wieder kommt man an noch älteren Relikten vorbei, wie zum Beispiel der kleinen alten Braumeisterstube oder dem fein verzierten großen Holzdeckel eines alten Lagerfasses, der viele Jahre als Tisch

Das Herz der Brauerei: die Schaltzentrale im Sudhaus.

König Pilsener
alc. 4,9 % vol.; 11,5 % Stammwürze;
untergärig

Zahlen & Fakten:
Ausschlagwürze pro Sud:
800 Hektoliter
Ausschlagmenge pro Jahr:
1,3 Millionen Hektoliter
Hauptabsatzgebiet: Deutschland

Infos rund um die Brauerei:
König-Brauerei GmbH, Friedrich-
Ebert-Straße 255–263,
47139 Duisburg-Beeck
Tel. 0203/93 33-0
Fax 0203/93 33-45 15
info@koenig.de
www.koenig.de

Eigentümer: Bitburger Braugruppe
Gründungsjahr: 1858

Brauereibesichtigungen: ja
Brauereishop: ja
Brauereishop online: ja

Ausflugsziele & Aktivitäten:
- Duisburger Innenhafen
- Landschaftspark Nord
- CentrO Oberhausen
- Gasometer Oberhausen

benutzt wurde. Eine Fülle von Eindrücken bietet sich, die die Besucher bei dem anschließenden Umtrunk im Theodor-König-Keller verarbeiten können.

Theodor König kam 1855 in die niederrheinische Landgemeinde Beeck nahe Duisburg. Von Beruf war er Braumeister. Er erkannte, dass die Region Potenzial für eine Brauerei hatte. Bergbau und Stahlindustrie brauchten Arbeiter. Mit ihnen kamen Handwerker und Geschäftsleute ins Ruhrgebiet. Menschen, die nach Feierabend ein gutes Bier zu schätzen wussten. 1858 bekam König die Konzession für seine Brauerei an der Hauptstraße in Beeck. Im gleichen Jahr wurde in Essen der Bergbauverein gegründet. Der Aufstieg des Ruhrgebiets war offensichtlich.

Der Ausstoß der jungen Brauerei betrug im ersten Jahr 206 Hektoliter. 1900 war bereits die 50.000-Hektoliter-Marke erreicht. 1929 wurden 100.000 Hektoliter produziert.

»König Pilsener« wurde 1911 zum ersten Mal erwähnt. Leo und Hermann König, die die Brauerei 1891 von ihrem Vater übernommen hatten, bemerkten damals einen Geschmacksumschwung hin zu einem untergärigen, helleren und hopfenstärkeren Bier, das nach »Pilsener Brauart« gebraut wurde. (Dieser Biertrend sollte sich auch in den 60er/70er Jahren des 20. Jahrhunderts wiederholen.) Das Absatzgebiet erweiterte sich. Mit Lastkraftwagen wurde das Bier im Rheinland zu den Kunden gebracht. »Aus dem kleinen Braubetrieb in Beeck war eine wirtschaftlich arbeitende Großbrauerei geworden, die mit König Pilsener eine überregionale Biermarke geschaffen hatte und zu den führenden Versandbrauereien in Deutschland zählte.«

Nach dem Zweiten Weltkrieg bescherte das Wirtschaftswunder der König-Brauerei einen kometenhaften Aufschwung. Eine großzügige, moderne Brauanlage wurde gebaut, deren Dimension noch heute beeindruckt. Der Ausstoß betrug beim 100-jährigen Jubiläum 500.000 Hektoliter. Neun Jahre später war er bereits verdoppelt und nach weiteren neun Jahren wurde die 2-Millionen-Hektoliter-Marke erreicht. Die König-Brauerei war zur größten Privatbrauerei in Deutschland gewachsen.

Im Jahr 2000 endete die Unabhängigkeit. Die Holsten-Gruppe aus Hamburg übernahm 75 Prozent der Gesellschaftsanteile der Brauerei, ein Jahr später die restlichen 25 Prozent. 2004 erwarb die Carlsberg AG, Dänemark, die Aktienmehrheit der Holsten-Gruppe und beschloss den Verkauf der Tochtergesellschaft König-Brauerei an die Bitburger Getränkegruppe. Nichtsdestotrotz, der eigenständige Charakter von »KöPi« – wie es von seinen Fans genannt wird – ist geblieben und wird auch weiterhin erhalten bleiben.

Versorgungsleitungen und Gärtanks.

Webster Brauhaus am Dellplatz – Duisburg

» Wussten Sie schon? Wir bilden aus!« So steht es im Internet auf der Homepage des Brauhaus Webster. Diesen Satz hätte man auch für die Anfangszeit des Brauhauses verwenden können. Denn am Anfang war das Studium zur Diplom-Ingenieurin, zum Diplom-Ingenieur für Brauwesen. Und eigentlich war es nur eine Studentenlaune. Drei Studenten der Brauereitechnik in Weihenstephan – Jutta Rozanski, ihr Mann Marc Weber und ein gemeinsamer Freund – wollten ihre Wünsche und Bedürfnisse von Bier in einer eigenen Brauerei umsetzen. Frisch diplomiert, machten sie sich auf die Suche nach einem geeigneten Objekt, zu-

Sudwerk mitten im Brauhaus.

erst in Dresden. Aber Dresden war damals nach der Wende für Neueinsteiger nicht die richtige Stadt, und so kamen sie auf Duisburg, der Heimatstadt von Frau Rozanski. Hier waren die Bedingungen günstig. In dem anvisierten Objekt am Dellplatz war bereits ein gastronomischer Betrieb, und die Räumlichkeiten waren für eine kleine Brauerei hervorragend geeignet. Nur, von Gastronomie und allem drum herum hatte man keine Ahnung. Sie sprangen ins kalte Wasser. Das gemeinsame Brauhaus und die dazugehörige Brauerei

Eingang zum Webster Brauhaus.

wurden zur quasi zweiten »Ausbildungsstätte« der drei. »Wir bilden – uns – aus«, besser gesagt »weiter«. So kann man das positive Motto umformulieren. Und dieses »weiter« prägt den Geist der ersten Hausbrauerei in Duisburg.

Und die Ausbildungsplätze sind heiß begehrt: Insgesamt gibt es im Brauhaus elf (!) Auszubildende in der Küche als Koch oder Köchin und als Fachkraft im Service oder für Systemgastronomie. Nicht zu vergessen: Drei Brauerlehrlinge in verschiedenen Lehrjahren sind zurzeit in der Ausbildung. Unter der Aufsicht von Frau Rozanski und Herrn Weber lernen sie hier, wie umfassend die Herstellung von Bier ist. Bereits im zweiten Lehrjahr müssen sie vor Besuchern Bierseminare geben, also nicht nur praktisch arbeiten, sondern den

interessierten Bierfreundinnen und -freunden mit Worten und in der Verkostung Bierkultur nahebringen. Dieses Konzept hätte dem Gesellenvater Adolph Kolping gewiss gefallen. Und deshalb ist es stimmig, dass das Webster seit 1992 im Kolpinghaus seine Räumlichkeiten hat.

Neben dem Webster Blond, Braun und Weizen werden die Saisonbiere Maibock, Festbier und Nikolausbock gebraut. Und es gibt im Webster noch eine Besonderheit, ein ganz spezielles Bier. »Mit Knowhow, handwerklicher Braukunst und viel Handarbeit erschufen wir zu Ihrem und unserem Vergnügen Webster Brut. Webster Brut gebraut nach dem Reinheitsgebot und vergoren und abgefüllt nach der methode

Webster Blond	alc. 5,2 % vol.; 11,6 % Stammwürze; untergärig; unfiltriert
Webster Braun	alc. 5,3 % vol.; 12,3 % Stammwürze; obergärig; unfiltriert
Webster Brut	alc. 5,2 % vol.; 13,1 % Stammwürze; untergärig; unfiltriert
Webster Weizen	alc. 5,3 % vol.; 12,7 % Stammwürze; obergärig; unfiltriert

Biergarten am Dellplatz.

Zahlen & Fakten:
Ausschlagwürze pro Sud:
11,5 Hektoliter
Ausschlagmenge pro Jahr:
7.000 Hektoliter
Absatzgebiet: Brauhaus

Infos rund um die Brauerei:
Webster Brauhaus, Dellplatz 14,
47051 Duisburg
Tel. 0203/230 78
webster-brauhaus@t-online.de
www.webster-brauhaus.de

Eigentümer: Fredulux Brau GmbH
Jutta Rozanski und Marc Weber
Gründungsjahr: 1992

Öffnungszeiten Brauhaus: Mo–Sa
ab 12 Uhr, So ab 10.30 Uhr
Öffnungszeiten Biergarten:
bei schönem Wetter

Brauereibesichtigungen: ja,
Bierseminare
Brauereishop: ja
Bier kaufen vor Ort: 2-Liter-Henkelfla-
schen-Siphons, Literflaschen, Fäss-
chen
Tastinggläser: Amuse-Gueule-Gläser

Ausflugsziele & Aktivitäten:
· Stiftung Lehmbruch Museum
· Museum der Deutschen
  Binnenschifffahrt
· Duisburger Innenhafen
· Museum Küppersmühle
· Landschaftspark Nord

champenoise.« Wohl um Skeptiker zu be-
schwichtigen, muss auf das deutsche
Reinheitsgebot hingewiesen werden. Eine französische Schaumweinmethode mit
Bier in Verbindung zu bringen scheint ge-
wagt. Ist es aber nicht.

Dem hauseigenen Webster Blond – allerdings mit reduziertem Kohlendioxid-
gehalt – wird in einer Champagnerflasche
eine Hefe-Würzmischung zugefügt, dann
wird es geschüttelt. Für die zweite Gärung
wird die Flasche mit einem Kronkorken
verschlossen. Tägliches Drehen der mit
dem Kopf nach unten liegenden Flasche
um 90 Grad sorgt für die gute Durchmi-
schung und das Absinken der Hefe zu einem Pfropfen. Mit dem Flaschenhals im
Kältebad gefriert die Hefe, der Pfropfen
wird herausgelöst und die Flasche mit
Sektkorken und Drahtkorb verschlossen.
Fertig.

2009 wurde kurzzeitig ein IPA (Indian
Pale Ale) mit höherer Hopfengabe und
stärkerem Alkoholgehalt gebraut. Dem Experimentieren ist kein Ende gesetzt. Wie
schrieb Ernst Bloch in seinem Opus »Das
Prinzip der Hoffnung«: »Denken heißt
überschreiten.«

Brauhaus Zeche Jacobi – Oberhausen

S ie war das »Versailles« unter den Bergwerken, die Zeche Jacobi: schlossartig, symmetrisch angelegt, eine Doppelschachtanlage mit zwei hohen Fördertürmen. Hervorgegangen aus einem Architektenwettbewerb, verkörperte sie Industrieästhetik pur. Geplant und realisiert im Auftrag der GHH (Gutehoffnungshütte, Sitz in Oberhausen), sollte

mit ihr ein neues Kohlefeld – Neu-Oberhausen– erschlossen werden. Das 220 Hektar große Gelände für die Zeche und die angrenzende Siedlung kaufte die Hütte dem Grafen von Westerholt ab. 1912 wurde mit den Abteufarbeiten der beiden Schächte begonnen. Ein Jahr später konnte die erste Kohle gefördert werden. Benannt wurde die neue Zeche nach dem

Drei-Geräte-Sudwerk und Malzlager.

**Originalförder-
fahrzeug aus
dem Bergwerk.**

Kommerzienrat Hugo Jacobi, ab 1904 Vorstandsvorsitzender der Gutehoffnungshütte, der mit dem ersten Spatenstich den Bau einleitete.

In den Hochzeiten der Zeche, den 1950er Jahren, waren über 5.000 Bergleute beschäftigt. 1970, im Jahr der höchsten Förderleistung, wurden von 4.547 Bergmännern 2.447.089 Tonnen gefördert. Vier Jahre später wurde die Zeche geschlossen. Nach dem Abriss befinden sich nun auf dem Gelände Sportanlagen und ein Golfplatz.

Etwa 3,6 Kilometer südlich, auf einem Grundstück, das der GHH, später Thyssen, gehörte, befindet sich heute eines der größten Einkaufszentren Deutschlands, das CentrO, geplant als »Neue Mitte Oberhausen«. 1996 fand die Eröffnung statt, gleichzeitig mit dem Start des Brauhauses »Zeche Jacobi«.

Über eine Brücke erreicht man den Eingang des separat stehenden Hauses und den Biergarten. An dem künstlich angelegten See können hier die Gäste ihr Bier genießen und sich an den Speisen der umfangreichen Karte erfreuen – fernab vom Trubel des Shoppingcenters.

Im Brauhaus Zeche Jacobi wird tatsächlich gebraut. Das Sudhaus empfängt die Besucher. Parallel zur Treppe führt das Drei-Geräte-Sudwerk ins Obergeschoss.

Gruben Gold	alc. 4,6 % vol.; 11,5 % Stammwürze; untergärig; unfiltriert
Mulvany's	alc. 5 % vol.; 12,5 % Stammwürze; untergärig; unfiltriert
Ruhr Pott	alc. 4,8 % vol.; 11,5 % Stammwürze; untergärig
Ärwin's Weizen Gold	alc. 4,8 % vol.; 11,5 % Stammwürze; obergärig; unfiltriert
Saisonbiere:	
Märzen	alc. 5,2 % vol.; 12,5 % Stammwürze; untergärig; unfiltriert
Maibock	alc. 6 % vol.; 16,5 % Stammwürze; untergärig; unfiltriert
Festbier	alc. 5,2 % vol.; 12,5 % Stammwürze; untergärig; unfiltriert
Ährwinator	
Weihnachtsbock	alc. 7,5 % vol.; 18,5 % Stammwürze; untergärig; unfiltriert

Blank geputzt ist es eine echte Augenweide. Für das Auge hat das Brauhaus selbst auch einiges zu bieten. Es ist bestückt mit Exponaten aus Bergwerken, die der heutigen Ruhr AG gehörten und die der Besitzer Gerald Friedauer von der Ruhr AG für seine Brauerei gestiftet bekommen hat.

An Bergwerk und alte Zechenzeiten erinnern auch die Namen der Biere: Gruben Gold, Ruhr Pott und vor allem »Mulvany's«. Dieses Bier verspricht einen typisch irischen Geschmack. Ursprünglich obergärig gebraut, ist es mittlerweile zu einem untergärigen Bier mutiert. Das Mulvany's ist ein flüssiges Denkmal für den Vermessungsingenieur William Thomas Mulvany (1806–1889), einem der wichtigsten Pioniere der Industrialisierung und einem der ersten Spitzenmanager des Ruhrgebiets. Er führte in den von ihm geleiteten Zechen die Niederbringung der Schächte mit gusseisernen Schachtringen statt mit Ziegelsteinen ein, was eine enorme Zeitersparnis und damit Arbeitseffektivität bewirkte.

Wer im Brauhaus Zeche Jacobi einkehrt, sollte entweder vorher oder nachher dem wenige Hundert Meter entfernten Gasometer einen Besuch abstatten. Er ist ein Industriedenkmal besonderer Güte und ein Highlight jedes Ruhrgebietsbesuchs. In einer Höhe von 117,50 Metern hat man einen hervorragenden Überblick über die Region, den Rhein-Herne-Kanal und das Brauhaus. Wer fit ist, benutzt nicht den gläsernen Aufzug, sondern nimmt die 592 Stufen bis auf das Dach – immerhin 59 Stufen mehr als der Kölner Dom (also für jeden Kölner eine echte Herausforderung).

Zahlen & Fakten:
Ausschlagwürze pro Sud:
15 Hektoliter
Ausschlagmenge pro Jahr:
2.500 Hektoliter
Absatzgebiet: Brauhaus Oberhausen und Schacht 4/8 in Duisburg

Infos rund um die Brauerei:
Brauhaus Zeche Jacobi, Promenade 30 – CentrO, 46047 Oberhausen
Tel. 0208/80 22 00
Fax 0208/80 22 10
post@brauhaus-zeche-jacobi.de
www.brauhaus-zeche-jacobi.de

Eigentümer: Gerald Friedauer
Gründungsjahr: 1996

Öffnungszeiten Brauhaus: täglich 10–0.30 Uhr, Fr, Sa, So und vor Feiertagen bis 2 Uhr, Sa ab 9 Uhr
Öffnungszeiten Biergarten:
bei schönem Wetter

Brauereibesichtigungen: nach Vereinbarung (mindestens 1 Woche vorher)
Brauereishop: ja
Bier kaufen vor Ort: Literflaschen, Fässchen
Tastinggläser: ja

Ausflugsziele & Aktivitäten:
- Gasometer
- CentrO
- Galerie Schloss Oberhausen
- Sea Life Oberhausen

Privatbrauerei Jacob Stauder – Essen

» Familienbetrieb seit 1867« – bereits in der sechsten Generation der Familie Stauder führen die Cousins Dr. Thomas Stauder und Dipl.-Brau-Ing. Axel Stauder die Brauerei im Norden von Essen. Sechs Generationen, die sich dem Bier und seiner Qualität und somit dem Anspruch des Verbrauchers verschrieben haben. Ein gutes Bier findet seine Freunde.

Es bereitet große Freude, die Brauerei zu besichtigen. Bereits zu Beginn der Führung geht man auf eine kleine Zeitreise in die Vergangenheit der Brauerei. Alte Gerätschaften vom Läutergrant über die manuelle Flaschenabfüllung bis hin zu einem Schreibtisch, auf dem sich eine alte Zeigerschreibmaschine AEG Mignon befindet, sind zu bestaunen. Bereits der Eingangsbereich des Brauereishops lädt zum Verweilen ein und wirkt wie ein kleines Museum.

Dieser Eindruck bleibt während des Rundgangs bestehen. Liebevoll sind die

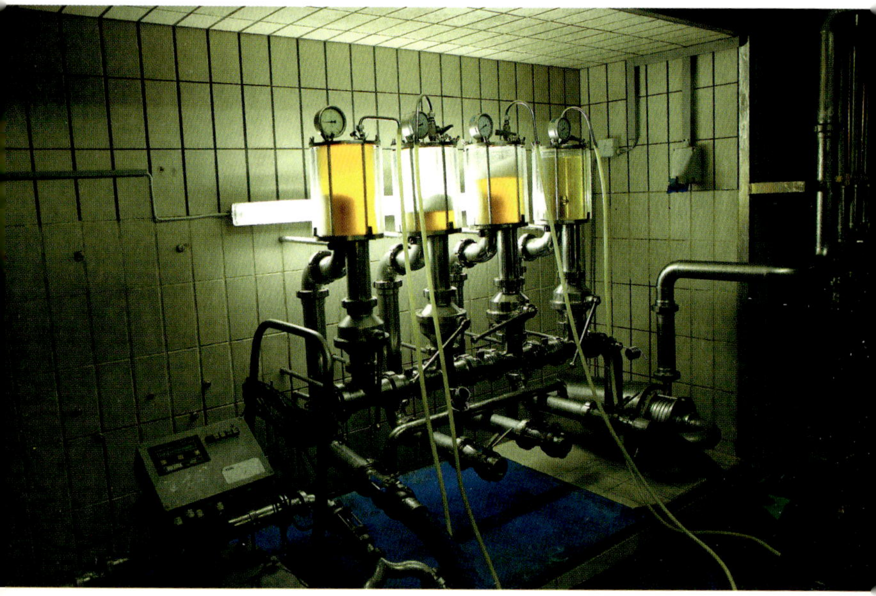

Beleuchteter Verschneidebock.

vielen alten Schätzchen in die Brauerei integriert worden. Die informativen Erläuterungen für die meist unkundigen Gäste sind direkt neben den Exponaten an der Wand angebracht. Historie gepaart mit moderner Produktion. Spannend wird es, wenn der Brauereiführer, ein Brauereimitarbeiter im Un-Ruhestand, aus dem Nähkästchen plaudert – das ist wahrlich erlebte Geschichte(n). Die Zuhörer spitzen die Ohren. Denn wann und wo bekommt man das Arbeiten in einer Brauerei so kenntnisreich erklärt? So wird auch hier die Tradition mit der Gegenwart verwoben.

Theodor Stauder, Fassbinder und gelernter Brauer aus Laub in Unterfranken, kam 1866 nach Essen. Das erste Jahr arbeitete er bei dem Müller und Gastwirt Schäfer, der eine eigene Hausbrauerei außerhalb des Limbecker Tores besaß.

Das Urdatum der Brauerei Stauder ist das Jahr 1867: Am 14. November 1867 pachtete Theodor Stauder in Essen die verwaiste Schlicker'sche Brauerei an der Steeler Straße, unweit des damaligen Rathauses. Er braute, wie aus der Heimat gewohnt, untergäriges Bier und begründete damit die Stauder-Tradition als untergärige Brauerei. 1876 verlagerte er die Brauerei in die Nachbargemeinde Altenessen. Dort pachteten »seine Söhne Jacob und August Stauder Grund und Boden sowie geeignete größere Gebäude in der jetzigen Stauderstraße«. Fünf Jahre später konnte diese Anpachtung käuflich erworben werden.

Am 23. April 1888 wurde die Brauerei ins Handelsregister eingetragen. Ab diesem Tag übernahm Jacob Stauder die Geschäfte. Und das mit Erfolg. 1906 wurden bereits 41.000 Hektoliter Bier abgesetzt – für die damalige Zeit ein hervorragendes Ergebnis. Caspar Stauder (ab 1903) und Dr. Hans-Jacob Stauder (ab 1935) leiteten die Brauerei während der Kriegszeiten und manövrierten sie durch die Wirtschaftskrisen. Mit den Brüdern Dr. Claus Stauder und Dipl.-Braumeister Rolf Stauder (ab 1967) begann eine neue Ära. Sie widersetzten sich dem Trend, dass es den Brauereien nur durch Steigerung der Produktion gut gehen kann. Stattdessen setzten sie auf Qualität und gaben ihrem Pils das Attribut »Kleine Persönlichkeit«. Das war und ist mutig. Aber ein Bier mit Profil und Geschmack ist ein Zeugnis für Bierkultur.

Neben den Bieren der Marke »Stauder« werden in der Brauerei auch die Bie-

Stauder Pils	alc. 4,6 % vol.; 11,3 % Stammwürze; untergärig
Stauder Spezial	alc. 5 % vol.; 12,1 % Stammwürze; untergärig
Borbecker Helles Dampfbier	alc. 5 % vol.; 11,5 % Stammwürze; untergärig
Borbecker Salonbier	alc. 4,8 % vol.; 11,5 % Stammwürze; untergärig
Borbecker Zwickelbier	alc. 4,8 % vol.; 11,5 % Stammwürze; untergärig

Saisonbiere:
Borbecker Winterbock, Borbecker Fastenbier, Borbecker Maibock

Zahlen & Fakten:
Ausschlagwürze pro Sud:
380–400 Hektoliter
Ausschlagmenge pro Jahr:
220.000 Hektoliter
Absatzgebiet: Ruhrgebiet

Infos rund um die Brauerei:
Privatbrauerei Jacob Stauder,
Stauderstraße 88, 45326 Essen
Tel. 0201/36 16-0
Fax 0201/36 16-133
info@stauder.de
www.stauder.de

Eigentümer: Dr. Thomas Stauder,
Dipl.-Brau-Ing. Axel Stauder
Gründungsjahr: 1867

Brauereibesichtigungen:
ja, nach Anmeldung
Brauereishop: Mo–Do 14–18 Uhr,
Fr 12–16 Uhr
Brauereishop online: ja

Ausflugsziele & Aktivitäten:
• Essener Innenstadt
• Grugapark
• Baldeneysee

Sudhaus im Charme der 1960er Jahre.

re mit der Bezeichnung »Borbecker« gebraut. Diese führen die Biergeschichte der
ehemaligen Kronen Brauerei in Essen-Bor-
beck fort. Sie weisen auf die »Dampfe«
hin, die sogenannte »Dampfbierbrauerei«.
Dort wurden – als sie noch in Betrieb war
– die Bottiche und Pfannen mit Dampf und
nicht mit direktem Feuer beheizt, was den
Verbrauchern Modernität und Qualität
suggerierte.

Gegründet 1896, erlebte die Kronen
Brauerei eine wechselvolle Geschichte,
die in eine gemeinsame Übernahme durch
die Essener Actien Brauerei – später Stern
Brauerei – und der Privatbrauerei Jacob
Stauder mündete. 1980 erwarb Stauder
die Anteile der Stern Brauerei, die an einen englischen Großkonzern verkauft worden war. Ein für die damalige Zeit neues
Konzept wurde ausprobiert: Die Brauerei
wurde umgewandelt in eine Brauerei-
gaststätte. 1984 fand die Eröffnung statt.
Das Borbecker Zwickelbier und die Saisonbiere können nur hier frisch vom Fass
genossen werden.

Hausbrauerei Rüttenscheid – Essen

In Rüttenscheid befindet sich die einzige produzierende Gasthausbrauerei in Essen. Seit 1993 sorgt das Ehepaar Kampl dafür, dass die Gäste in ihrem Brauhaus in rustikal-freundlicher Atmosphäre mit Speis und Trank versorgt werden.

Als Braumeister ist natürlich Volkmar Kampl für das Bier zuständig. Zwei nur hier ausgeschenkte Biere, ein helles untergäriges Kellerbier und ein dunkleres obergäriges Weizenbier, werden von ihm nach seiner geschmacklichen Vorstellung gebraut, sind also vollmundige Unikate.

Einmalig ist auch die Brauerei. Nach seiner Idee ist das Sudhaus der Gasthausbrauerei konzipiert. Zum großen Teil hat es Volkmar Kampl sogar selbst hergestellt und aufgebaut. In welcher Brauerei hat zum Beispiel der Braumeister die Kupferhauben für den Maischbottich eigen-

Hölzerne Gärbottiche sind eine Rarität ...

... ebenso der handgefertigte Läuterbottich.

Rüttenscheider Keller
alc. 5 % vol.; 12,6 % Stammwürze; untergärig; unfiltriert
Rüttenscheider Weizen
alc. 5 % vol.; 12,8 % Stammwürze; obergärig; unfiltriert

Zahlen & Fakten:
Ausschlagwürze pro Sud:
10 Hektoliter
Ausschlagmenge pro Jahr:
650 Hektoliter
Absatzgebiet: Brauhaus

Infos rund um die Brauerei:
Rüttenscheider Hausbrauerei,
Giradetstraße 2, 45131 Essen-Rüttenscheid
Tel. 0201/79 00 60
Fax 0201/79 00 70
www.ruettenscheider-hausbrauerei.de

Eigentümer: Volkmar Kampl
Gründungsjahr: 1993

Öffnungszeiten Brauhaus: ab 17 Uhr
Öffnungszeiten Biergarten:
bei schönem Wetter

Brauereibesichtigungen:
nach Absprache
Bier kaufen vor Ort: 1-Liter-Bügelverschlussflasche, Fässchen

Ausflugsziele & Aktivitäten:
- Grugapark, Hundertwasserhaus
- Museum Folkwang
- Beginenhof
- Aalto-Theater (Oper)
- RWE-Turm
- Siechenkapelle Essen-Rüttenscheid
- Baldeneysee

händig geformt oder die Rohrleitungen selbst verlegt? Verschiedene Gerätschaften wurden von Metallbaubetrieben nach Volkmar Kampls Wunsch maßgefertigt. Denn da die Brauerei sich in die räumlichen Gegebenheiten hineinfügen musste, ist der Läuterbottich nicht wie üblich rund geformt, sondern er hat vier, genauer acht Ecken. Von daher ist es nicht verwunderlich, dass es auch im Sudhaus eine im Rheinland einmalige Besonderheit gibt: zwei hölzerne offene Gärbottiche, handgefertigt in Oberfranken. Aus der Gaststube können die Gäste durch die Fenster der Hefe bei der Arbeit zuschauen. Auch bei der Hefe nimmt es der Braumeister genau. Seit vielen Jahren hält er sie jung und rein und ist somit auf diesem Gebiet unabhängig. Wer staunt jetzt noch, dass für das dunkle Weizenbier fünf verschiedene Malzsorten benutzt werden?

Rüttenscheid liegt in der geografischen Mitte der Stadt. Deshalb ist das Brauhaus ein guter Anlaufpunkt nach einem Besuch im Museum Folkwang sowie nach einem Spaziergang im Grugapark oder entlang dem Baldeneysee.

Privatbrauerei Bolten – Korschenbroich

» Willkommen in der ältesten Altbierbrauerei der Welt!« Heinrich Hartwigsen kommt auf mich zu. Er ist der Leiter der Qualitätssicherung und begleitet mich vom Hoftor ins Sudhaus. So bekomme ich einen Überblick über die Brauerei.

Es ist deutlich zu spüren, dass die Brauerei im Laufe der Jahrzehnte und Jahrhunderte sowohl technisch als auch räumlich gewachsen ist. Die Hofgebäude, das Sudhaus, die Wasseraufbereitung und Abfüllanlage sind aus unterschiedlichen Epochen. Treppauf, treppab geht es, mal den Kopf einziehen, mal den Bauch, und um die Ecke gebogen. Ich kann gar nicht so schnell schauen, und schon sind wir im Sudhaus angekommen. Hier ist Braumeister Torsten Schmidt voll bei der Arbeit. Die Fußballweltmeisterschaft, der

Kraushof mit Brauereiturm und eigener Bushaltestelle.

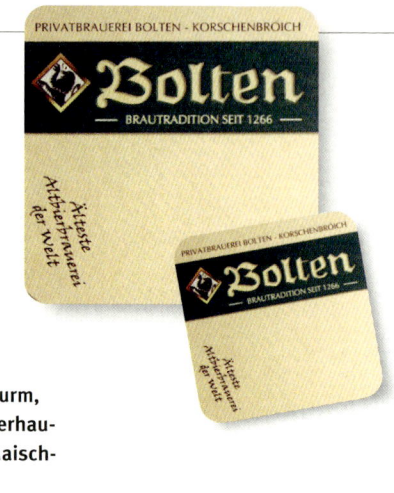

Brauereiturm, alte Kupferhaube vom Maischbottich.

warme Sommer – die Biertrinker lechzen nach Bier. Schmidt ist gerade beim Anschwänzen. Die Treber werden im Läuterbottich mit warmem Wasser ausgelaugt, damit der letzte Rest vom Extrakt dem Bier zugutekommt. Bei Bolten hat der Computer – bis jetzt – noch nicht Einzug gehalten, obwohl es gewiss nur noch eine Frage der Zeit ist. Im Sudhaus wird der Brauprozess über die klassische Schalttafel gesteuert. Das hat Charme, wie die ganze Brauerei, eben weil sie nicht technisch steril daherkommt, sondern wie eine alte Dame, die ihre Runzeln nicht verbirgt. Bolten gehört zu den kleinen renommierten Altbier-Brauereien außerhalb Düsseldorfs, das Ur-Alt gehört in der Altbierwelt zur Referenzklasse.

Schon von Weitem sieht man über die Felder hinweg den Backsteinturm der Brauerei. Wie eine Trutzburg ragt er empor. Seit 1266 wird an diesem Ort Bier gebraut. Der »Kraushof« befand sich damals, so urkundlich belegt, im Besitz von Gerard, dem Sohn von Friedrich dem Brauer. Es war ein weltlicher Hof, kein Kloster, und damit ist die Bolten Brauerei die älteste noch bestehende säkulare Brauerei im Rheinland. Genno Fonk erklärt, dass sich der Name Kraushof von Krauthof ableite und »Kraut« »Grut« bedeute. Bis ins 14. Jahrhundert war das Grutbier das gängige Bier, das zu Beginn des 15. Jahrhunderts vom Hoppebier abgelöst wurde. 1670 übernahm Dries Bolten den Kraushof. Mit ihm beginnt die über 330-jährige

Boltens Alt	alc. 4,9 % vol.; 11,7 % Stammwürze; obergärig
Boltens Ur-Alt	alc. 4,9 % vol.; 11,9 % Stammwürze; obergärig; unfiltriert
Boltens Helles	alc. 4,9 % vol.; 11,7 % Stammwürze; untergärig
Boltens Landbier	alc. 4,9 % vol.; 11,7 % Stammwürze; obergärig; unfiltriert
Boltens Ur-Weizen	alc. 5,3 % vol.; 12,5 % Stammwürze; obergärig; unfiltriert
Lichter's Lecker Bierchen	alc. 4,9 % vol.; 11,7 % Stammwürze; obergärig

Geschichte der Brauerfamilie. Da der Hof ein ganz normaler landwirtschaftlicher Betrieb war, konnte bis 1840 die eigene Gerste und bis 1868 sogar der eigene Hopfen zum Brauen verwendet werden. In den 1920er Jahren hieß die Brauerei – so alte Unterlagen – »Löwenbräu«. Damals war der Löwe, der noch heute das Firmenlogo schmückt, komplett abgebildet. Dann fand eine Umbenennung der Brauerei statt. Ob es vielleicht Unstimmigkeiten mit der Münchener Brauerei gab? In Unterlagen, die bis in die 1970er Jahre reichen, firmiert sie unter dem Namen »Löwenbrauerei Kraushof«; der Löwe im Logo war halbiert worden. Im Juni 2005 übernahm Michael Hollmann, ehemaliger Vorstandsvorsitzender des Getränkekonzerns Brau und Brunnen, das Ruder in der Brauerei, als Eigentümer und Geschäftsführer. Vor seiner Beschäftigung bei Brau und Brunnen war er Geschäftsführer der zur Carlsberg-Gruppe gehörenden Hannen Brauerei, also etwa 8,5 Kilometer von seiner heutigen Wirkungsstätte entfernt.

Für die Fußballfreundinnen und -freunde: Seit dem 1. Juli 2010 ist die Brauerei Bolten Stadionpartner und offizieller Altbierlieferant im Borussia-Park, der Spielstätte von Borussia Mönchengladbach.

Für Krimifreundinnen und -freunde: Was sich alles in einer Brauerei zutragen kann, das hat Jutta Profijt in ihrem Kriminalroman »Tod im Treber« beschrieben, den man im Bolten Brauereishop erwerben kann.

Zahlen & Fakten:
Ausschlagwürze pro Sud:
190 Hektoliter
Ausschlagmenge pro Jahr:
40.000 Hektoliter
Absatzgebiet: Niederrhein

Infos rund um die Brauerei:
Privatbrauerei Bolten GmbH & Co. KG, Rheydter Straße 138, 41352 Korschenbroich
Tel. 02161/617 90-0
Fax 02161/617 90-33
info@bolten-brauerei.de
www.bolten-brauerei.de

Eigentümer: Michael Hollmann
Gründungsjahr: 1266

Öffnungszeiten Biergarten: bei schönem und trockenem Wetter

Brauereibesichtigungen:
nach Absprache
Brauereishop: Mo–Mi 13–18 Uhr, Do–Fr 9–19 Uhr, Sa 9–14 Uhr
Bier kaufen vor Ort:
2-Liter-Henkelflaschen-Siphons, 1- und 2-Liter-Flaschen, 10- bis 50-Liter-Fässchen

Ausflugsziele & Aktivitäten:
- Schloss Rheydt
- Schloss Dyck
- Borussen-Stadion
- Mönchengladbach Innenstadt

Brauerei August Gleumes – Krefeld

Betritt der Gast das Brauhaus Gleumes durch den Eckeingang Sternstaße/Nordstraße, muss er zwei Türen öffnen, um in den Schankraum zu gelangen. Durch die erste Türe betritt man einen kleinen Raum, der an einen etwas größeren Windfang erinnert, die Schwemme. Schräg links ist eine Glasfront mit kleinen Scheiben, ähnlich einem Schalter bei der Post. In der Mitte des Raums steht ein großes Fass mit Fußstütze und heller runder Holzplatte: »Do stond die, die emmer do stond.« Hier, wie auch am »Rähmchen«, den Brettchen an der Straßenfront der Nordstraße, wird das Bier günstiger verkauft als in der Gaststube. Denn an die »weniger Verdienenden« durfte früher das Bier steuerfrei verkauft werden. Das ist eine Krefelder Tradition, die der junge Braumeister und Baas Georg Mäurers als gute

Brauhaus mit Originaljugendstilelementen.

alte Sitte beibehält – und jedes Jahr aufs Neue dem Finanzamt erklären muss.

Die älteste Braustätte und gleichzeitig letzte Hausbrauerei in Krefeld hat eine wechselvolle Geschichte hinter sich. Von 1807 bis 1960 war sie fest in Familienhand. Die Familien Wienges und Gleumes brauten ihr Bier mit zunehmendem Erfolg. Ursprünglich hieß sie »Zu den drei Kronen«. Bis heute zieren diese das Brauereiwappen. August und Heinrich Gleumes waren die beiden prägenden Männer, die die Brauerei 64 Jahre lang geführt haben. 1896 übernahm August Gleumes die Brauerei, Mälzerei und Gaststätte von seinem Schwager Johannes Wienges. Das Geschäft entwickelte sich so gut, dass bereits nach einigen Jahren die Räumlichkeiten zu klein wurden. Sie mussten erweitert werden. Die Um- und Neubauten von 1905 prägen sowohl die Gebäude als auch den Schankraum des Brauhauses. Alles ist bis zum heutigen Tage stilecht erhalten! Eine Besonderheit ist der handbetriebene Speiseaufzug.

1928 übernahm Sohn Heinrich den Betrieb. Er hatte nicht nur im väterlichen Betrieb gearbeitet, sondern auch bei der Rhenania Brauerei in Krefeld. Das Brauerhandwerk lernte er in der Brauerschule in Grimma. Technischer Fortschritt hielt Einzug: Eine eigene Kraftanlage, eine Kühlanlage mit Eiserzeugung für den eigenen Bedarf sowie neue Gär- und Lagerbottiche wurden installiert. Gebraut wurde rein obergärig. »Zwei Spezialbiere wurden hauptsächlich hergestellt. Das Weißbier, der Typ jenes niederrheinischen Altbiers, wie man es schon seit Jahrhunderten in Krefeld findet, und das Lagerbier – ursprünglich Bier für den Sommer –, welches aber auch schon ganzjährig gebraut wurde« (BAGK).

Im Alter von 64 Jahren verkaufte Heinrich Gleumes 1960 sein Gelände samt Brauerei und Brauhaus an die Tivoli-Brauerei. Als diese in Absatzschwierigkeiten geriet, wurde zwar bei Gleumes weiterhin erfolgreich gebraut, aber beide Brauereien wurden von der Brauerei Schlösser übernommen. Diese wurde von der Schwabenbräu AG, dann von der Dortmunder Aktienbrauerei (DAB), die zum Konzern Brau und Brunnen gehört, gekauft. Die Tivoli-Brauerei musste 1986 ihre Tore schließen.

Seit der Jahrtausendwende ist es bei Gleumes wieder ruhiger geworden. Die Familie Mäurers aus Grefrath nahm Kaufverhandlungen mit Brau und Brunnen auf. Bereits im Sommer 2000 begann der Umbau der Brauerei. Den Zeichen der Zeit und der Gäste folgend, wurde ein Biergarten geschaffen. Am 1.1.2000 – 104 Jahre nach Heinrich Gleumes' Geburtstag – war der Kauf perfekt. Geschäftsführer wurde Georg Mäurers, der gelernte Braumeister (Brauerei Kloster Weltenburg, Bischofshof in Regensburg, Brauakademie Doemens in Grä-

Gleumes Hell	alc. 4,8 % vol.; 12,4 % Stammwürze; obergärig
Gleumes Lager	alc. 4,8 % vol.; 12,4 % Stammwürze; obergärig
Gleumes Weizen	alc. 4,8 % vol.; 12,4 % Stammwürze; obergärig; unfiltriert

Zahlen & Fakten:
Ausschlagwürze pro Sud:
20 Hektoliter
Ausschlagmenge pro Jahr:
3.000 Hektoliter
Absatzgebiet: Brauhaus, etwa
15–20 Kilometer um die Brauerei im
Kreis Viersen, Kreis Mönchengladbach, in Teilen von Düsseldorf und
dem Kreis Neuss, Duisburg

Infos rund um die Brauerei:
Brauerei August Gleumes GmbH,
Sternstraße 12–14, 47798 Krefeld
Tel. 02151/60 15 39
info@brauerei-gleumes.de
www.brauerei-gleumes.de

Eigentümer: Georg Mäurers
Gründungsjahr: 1807/2001

Öffnungszeiten Brauhaus: Mo–Fr
11.30–14.30 Uhr und 17–24 Uhr,
Sa 11.30–15 Uhr und 17–24 Uhr,
So Ruhetag; mit Ausnahme bei
Jazzveranstaltungen: 11–15 Uhr
Öffnungszeiten Brauerei:
Mo–Do 7–16 Uhr, Fr 7–12 Uhr

Brauereibesichtigungen:
nach Absprache
Bier kaufen vor Ort: 0,5-Liter-Bügelver-
schlussflaschen, Fässchen
Weihnachten: 2-Liter-Henkelflaschen-
Siphons

Ausflugsziele & Aktivitäten:
- Kaiser Wilhelm Museum (voraus-
  sichtlich bis 2013 wegen Sanierung
  geschlossen)
- Museen Haus Lange/Haus Esters
- Schluff, Krefelds historische
  Dampfeisenbahn
- Hülser Bruch
- Krefelder Zoo
- Erholungspark Elfrather See

Die »Rähmchen«, die Brettchen
an der Straßenfront.

felfing bei München). Er braut jetzt neben
dem traditionellen obergärigen Gleumes
Lager ein Gleumes Hell und ein Gleumes
Weizen. Und Pläne für die Zukunft gibt es
auch. Er möchte ein untergäriges Pils
brauen. Da die Brauerei nur über offene
Gärbottiche verfügt, muss Hefe gefunden
werden, die sich mit der traditionellen
obergärigen Hefe verträgt. Ich drücke die
Daumen, dass es ihm gelingt! Neben den
hauseigenen Bieren wird für das Brauhaus
Herbst Pitt (Marktstraße 77) deren Alt
»Herbst Pitt« gebraut.

Anhand der Brauerei Gleumes zeigt
sich – ähnlich wie bei Bönnsch in Bonn –,
dass engagierte Familien und Unterneh-
mer es schaffen, traditionsreiche Brau-
stätten und Brauhäuser zu erhalten. Die
Bierfreunde danken es ihnen mit ihrem
Besuch, da so die Geschmacksvielfalt erhalten bleibt!

Brauerei Königshof – Krefeld

Es ist schon etwas Besonderes, einer »untergegangenen« Brauerei neues Leben einzuhauchen und diese zu einem großen Dienstleister aufzubauen. »Verdienen die denn überhaupt Geld damit?«, fragen sich viele, wenn sie die Preise sehen, die man für einen Kasten Bier im Supermarkt bezahlen muss. »Ist das denn überhaupt ein gutes Bier, das die da in einer so großen Brauerei herstellen?« Fragen, die berechtigt sind, gerade in einer Zeit, in der kleine Gastronomie- und Hausbrauereien im Aufschwung sind.

Die Leitung der Brauerei Königshof macht keine Angaben über die Höhe der Hektoliterzahl des Biers, das auf dem Gelände der 2002 geschlossenen Rhenania

Das Sudhaus der ehemaligen Brauerei Rhenania ist zu neuem Leben erwacht.

Historisches Gemälde der Rhenania Brauerei.

Brauerei im Krefelder Stadtteil Königshof gebraut wird. Wenn man jedoch die gewaltigen Gär- und Lagertanks betrachtet, die riesigen Abfüllmaschinen für Flaschen- und Fassbiere, dann merkt man, hier wird investiert und hocheffizient produziert. Bei Wikipedia liest man noch die Zahl 500.000 Hektoliter, die Brauerei selbst ist ausgelegt auf 1,3 Millionen Hektoliter. Platz zur Erweiterung ist vorhanden. Großzügig angelegt und gut durchorganisiert wirkt die Brauerei. Und es muss nicht immer alles neu sein. Verschiedene Teile der Brauereianlage wie zum Beispiel die Flaschenabfüllung wurden gebraucht gekauft. Das spart Kosten, erhöht aber die Flexibilität, da sie von einem Mineralwasserabfüller stammt. So ist die Abfüllung von Flaschen bis 0,75 Liter möglich. Für die Getränke-industrie gefertigte Anlagen sind immer auf Haltbarkeit ausgelegt, zum Teil sogar »unkaputtbar«. Gut ausgebildete Techniker halten sie instand.

Kennzeichen der Produkte der Brauerei Königshof GmbH sind ein günstiger Preis durch geringe Kostenstruktur. Eine flache Unternehmensstruktur sichert kurze Entscheidungswege; die Mitarbeiter ziehen an einem Strang. Auch wird weitestgehend auf ein großes Marketingkonzept oder reißerische Werbung verzichtet. Denn jeder weiß: Gute Mundpropaganda ist das Beste, was einem Unternehmen passieren kann. Kein Protz und Pomp im öffentlichen Auftreten. Die Brauerei Königshof ist ein kundenorientierter Dienstleister, der aufgrund der kommunalen Bierstruktur von Krefeld auch zwei eigene Marken kreiert

Original Königshofer Alt	alc. 5,1 % vol.; 11,7 % Stammwürze; obergärig
Original Königshofer Pils	alc. 5 % vol.; 11,9 % Stammwürze; untergärig
Brauerei Königshof Alt	alc. 4,8 % vol.; 11–11,3 % Stammwürze; obergärig
Brauerei Königshof Pils	alc. 5,2 % vol.; 11,35–11,5 % Stammwürze; untergärig
Brauerei Königshof Export	alc. 5,4 % vol.; 12,1 % Stammwürze; untergärig
Brauerei Königshof Weizen	alc. 5,4 % vol.; 11,9 % Stammwürze; obergärig

hat: im Einstiegssegment »Brauerei Königshof«, im sogenannten Premiumsegment »Original Königshofer«. Der Braubetrieb ist ausgelegt für Handelsmarken. Das erkennt man deutlich an den unterschiedlichen Flaschenkästen auf dem Gelände. Auf Anweisung des Kunden wird Bier nach dessen Geschmacksvorgaben entwickelt. Das bedeutet, die Kreativität des Braumeisters ist gefragt. Er muss offen sein für neue Ideen und diese rasch umsetzen. Die Kalkulation muss stimmen. Unter 20.000 Hektoliter Abnahmemenge für eine neue Biersorte tut sich nichts. Und dass bei »Masse« die Qualität nicht untergehen muss, zeigt, dass selbstbewusst nächstes Jahr die DLG-Prämierung für die hauseigenen Biere angestrebt wird.

Eine interessante Kooperation ist die Brauerei Königshof mit der Weinbrennerei Dujardin in Krefeld-Uerdingen eingegangen: Für den neu eröffneten Biergarten auf dem ehemaligen Firmengelände wurden – in namentlicher Anlehnung an den Erben der Uerdinger Weinbrennerdynastie – die Marken »Melcher's Hell« und »Melcher's Dunkel« entwickelt. Die Biere der Brauerei Königshof gibt es hauptsächlich als Flaschenbiere. Wer Original Königshofer Alt und Pils vom Fass genießen möchte, der kann dies ganz in der Nähe der Brauerei im »Restaurant Korff« tun. Im »Dachsbau – Das Haus der Biere« besteht sogar die Möglichkeit, beide Krefelder Biere – Königshof und Gleumes – parallel zu verkosten!

Zahlen & Fakten:
Ausschlagwürze pro Sud: k. A.
Ausschlagmenge pro Jahr: k. A.
Absatzgebiet: laut Firmenangabe im Umkreis von 100 Kilometern fast überall im Handel

Infos rund um die Brauerei:
Brauerei Königshof GmbH,
Obergath 68–112, 47805 Krefeld
Tel. 02151/333-0
mail@brauereikoenigshof.de
www.brauereikoenigshof.de

Eigentümer: Josef Klösters
Gründungsjahr: August 2003

Brauereibesichtigungen: nein

Ausflugsziele & Aktivitäten:
- Kaiser Wilhelm Museum (voraussichtlich bis 2013 wegen Sanierung geschlossen)
- Museen Haus Lange/Haus Esters
- Schluff, Krefelds historische Dampfeisenbahn
- Hülser Bruch
- Krefelder Zoo
- Erholungspark Elfrather See

Brauerei zum Stefanus – Mönchengladbach

>> Gut Ding will Weile haben. Manchmal kann die stets frische Zubereitung schon mal etwas länger dauern – wir bitten Sie für einen solchen Ausnahmefall um Ihr Verständnis.« In der Tat ist dies ein gutes Motto für ein leckeres Essen und hervorragendes Bier. Denn Zeit ist für Michael Stefan Kolonko äußerst wichtig, wenn es um das Brauen seines Biers geht. Die Reifezeit für seine untergärigen Biere beträgt nie unter acht Wochen, und auch das obergärige Weizen kann lange ruhen, um seinen vollen Geschmack zu erhalten. Jedes Bier wird dadurch zum Genuss!

Michael Stefan Kolonko ist der Tradition verbunden. Gearbeitet hat er in verschiedenen sowohl kleinen als auch sehr großen Brauereien; bei heimischen Brauern hat er gelernt, aber auch in Bayern, wo er 1996 an der Fachakademie für Brauwesen und Getränketechnik Doemens sein

Gaststätte und Brauerei – gut essen und trinken, eine gelungene Kombination.

Brauerdiplom erworben hat. In Bayern hat er sich nach der Arbeit oftmals mit Brauerkollegen getroffen. Gerade die alten und älteren Kollegen mit ihrem Wissen und ihrer Tradition waren für ihn eine Quelle der Information. Informationen, die er »gespeichert« hat und deren Umsetzung bei seinen eigenen Bieren heute zum Tragen kommt. Er kann zuhören, und er nimmt es sehr genau. Je nach Biersorte wählt er zum Beispiel unterschiedliche Maischverfah-

Zahlen & Fakten:
Ausschlagwürze pro Sud:
6,5 Hektoliter
Ausschlagmenge pro Jahr:
400–500 Hektoliter
Absatzgebiet: Brauhaus

Infos rund um die Brauerei:
Brauerei zum Stefanus,
Mennrath 59,
41179 Mönchengladbach
Tel. 02161/58 01 54
Fax 02161/57 27 85
info@zum-stefanus.de
www.zum-stefanus.de

Eigentümer: Familie Michael
Stefan Kolonko
Gründungsjahr: 1999

Öffnungszeiten Brauhaus: Di–So
17–23 Uhr, Mo Ruhetag; Frühschoppen ohne Speisen: Sa, So 11–14
Öffnungszeiten Biergarten:
bei schönem Wetter ab 15 Uhr

Brauereibesichtigungen:
nach Absprache, Bierseminare
Bier kaufen vor Ort: 2-Liter-Henkelflaschen-Siphons, 1-Liter-Bügelverschlussflaschen, Fässchen

Ausflugsziele & Aktivitäten:
- Schloss Wickrath
- Anlaufstelle für Radwanderer
- Borussia-Park
- Hockeypark

Rechts neben dem Brauhaus befindet sich der Eingang zum Biergarten.

ren, die für die Qualität des Biers und dessen Geschmack optimal sind. Die Geschmacksausrichtung der Biere hat er sich selbst überlegt.

1999 übernahm Michael Stefan Kolonko von seinem Vater Stefan Fabian Kolonko die Gaststätte »Waldesruh«, ein traditionelles Gasthaus in Mennrath, das die Familie jetzt seit über 40 Jahren führt. Es ist der Wunsch eines Brauers, ein eigenes Bier herzustellen. Deshalb gestaltete Kolonko das elterliche Gasthaus so um, dass er eine Brauerei einbauen konnte. Für ein kleines Dorf wie Mennrath war das eine Sensation – und ein voller Erfolg für Michael Stefan Kolonko. Denn nicht nur sein Bier kam bei den Gästen gut an, sondern ebenso die Gerichte, die Ehefrau Pia Kolonko, ausgezeichnete Küchenchefin, mit ihrem Team herstellt. Bei schönem Wetter können Bier und Speisen im gemütlichen Biergarten genossen werden.

Sein Wissen gibt Michael Stefan Kolonko gern weiter. Er begleitet Hobbybrauer, die bei ihm in Mennrath die Grundlagen des Brauens kennenlernen, bei deren Brauversuchen zu Hause vor Ort. Und er ist »schuld« daran, dass zwei junge Männer den Beruf des Brauers erwählt haben. Zuvor hatten sie bei ihm im Brauhaus in ihrer Freizeit gekellnert und waren von dem Handwerk so fasziniert, dass sie es erlernen wollten. Ein Dritter spielt schon mit dem Gedanken – Mission: Bierbrauen.

Stefanus-Hell	alc. 4,8–5 % vol.; 11,5 % Stammwürze; untergärig; unfiltriert
Stefanus-Dunkel	alc. 5 % vol.; 11,5–11,8 % Stammwürze; untergärig; unfiltriert
Stefanus-Weizen	alc. 5 % vol.; 12,5 % Stammwürze; obergärig; unfiltriert
Stefanus-Pils	alc. 5 % vol.; 11,8 % Stammwürze; untergärig; unfiltriert
Saisonbiere:	
Stefanus-Bock hell	alc. 6,5 % vol.; 16 % Stammwürze; untergärig; unfiltriert
Stefanus-Bock dunkel	alc. 7,5 % vol.; 18 % Stammwürze; untergärig; unfiltriert

**Hopfen und
Malz – Gott
erhalt's!**

Oettinger Brauerei, Zweignieder-
lassung – Mönchengladbach

Die wahre Dimension erkennt man auf Luftbildaufnahmen oder auf Google Earth. Steht man an der Einfahrt zur Braustätte der Oettinger Brauerei in Mönchengladbach-Neuwerk, erstreckt sich das Gelände scheinbar bis fast an den Horizont. Es ist das Brauereigelände der ehemaligen Hannen Brauerei. Und es versinnbildlicht den Abstieg einer Biermarke und den Aufstieg einer anderen: Hannen – Oettinger.

Hannen Brauerei: Das Stammhaus der Hannen Brauerei befindet sich im Mittel-punkt von Korschenbroich. Es stand am ehemaligen Gerichtsplatz. Hier spielte sich das öffentliche Leben ab. Es war ur-sprünglich ein Weinhaus und wurde 1716 an der Stelle des durch einen Brand zer-störten Vorgängerbaus von 1543 erbaut. »Im Jahre 1800 kam es in den Besitz von Johann Hannen, der von nun an Hannen-Bier braute. Bis 1985 war die Produkti-onsstätte, die sich an die Rückseite des Hannen-Stammhauses anschloss und auf deren Gelände sich heute ein Einkaufs-zentrum sowie ein Wohnkomplex befin-

Einfahrt zum weiten Brauereigelände.

den, in Betrieb«, so ist es auf der Homepage der Stadt Korschenbroich zu lesen.

In Willich, einem Städtchen etwa sieben Kilometer nordöstlich des heutigen Brauereistandortes, wurde 1725 die Brauerei Hausmann zum ersten Mal erwähnt. »Sie war die älteste der Willicher Brauereien Hausmann, Schmitz und Dicker, die sich 1917 zur Vereinigte Willicher Brauereien GmbH zusammenschlossen. Diese übernahm 1920 die Hannen-Brauerei in Korschenbroich« (Wikipedia). Der Name Hannen Brauerei blieb bestehen. 1964 – Fonk schreibt 1969 – wurde die Willicher Braustätte geschlossen und nach Mönchengladbach-Neuwerk verlegt. Legendär waren die von Luigi Colani entworfenen Hannen-Altbiergläser, die ergonomisch satt in der Hand lagen, beim Spülen allerdings zerbrechlich waren.

1988 wurde die Brauerei, die zu den Marktführern im Altbiersektor zählte, von der dänischen Carlsberg-Gruppe gekauft. 1999 übernahm die Hannen/Tuborg-Brauerei die Markenrechte der Brauerei Gatzweiler (Gatz Alt) und verlagerte deren Braubetrieb von Düsseldorf-Oberkassel nach Mönchengladbach. Vier Jahre später kaufte die Oettinger Brauerei die Braustätte in Neuwerk. Zurzeit werden Hannen Alt und Gatz Alt bei der Brauerei Königshof in Krefeld gebraut.

Heute heißt die Braustätte in Neuwerk Brauerei Mönchengladbach, Zweigniederlassung der Oettinger Brauerei GmbH. Oettinger ist ebenfalls eine Traditionsbrauerei: 1731 wurde in Fürnheim die Forstquellbrauerei erstmals urkundlich erwähnt. Der fränkischen Brautradition folgend, wird seitdem durch die Familien Kollmar und Höhenberger Bier gebraut.

1956 kaufte Otto Kollmar die fürstliche Genossenschaftsbrauerei in Oettingen. Die Oettinger Brauerei GmbH ist bis heute ein familiengeführtes Unternehmen. Es wird als Vollsortimenter eine konsequente Firmenpolitik verfolgt. Dies führte zu einer atemberaubenden Expansion mit sechs Braustandorten in verschiedenen Regionen Deutschlands. Die Devise lautet: hochmoderne Anlagen unter Vollauslastung betrieben; keine Werbung, Sponsoring, Marketingkampagnen; Konzentration ausschließlich auf die Vertriebswege Lebensmittelhandel und Getränkehandel; Transport nahezu ausschließlich mit eigenem Fuhrpark. Es entstehen somit keine überflüssigen Kosten, die demzufolge nicht im Preis weitergegeben werden müssen.

Infos zu den Biersorten des Oettinger-Konzerns:
www.oettinger-bier.de

Infos rund um die Brauerei:
Oettinger Brauerei, Zweigniederlassung Mönchengladbach, Senefelder Straße 29, 41066 Mönchengladbach Tel. 02161/57 69-0
moenchengladbach@oettinger-bier.de
www.oettinger-bier.de

Ausflugsziele & Aktivitäten:
- Mönchengladbach Innenstadt
- Alter Markt und Kapuzinerplatz
- Münster auf dem Abteiberg
- Museum Abteiberg

GROSSRAUM
DÜSSELDORF

2

Uerige Obergärige Hausbrauerei – Düsseldorf

E gal, ob von der Bergerstraße oder »Neweaan« von der Rheinstraße aus, betrete ich den »Uerige«, muss ich mich erst einmal orientieren. Die Flucht der Räume ist verwirrend. Ich lasse meine Augen schweifen und finde so viele Dinge, an denen ich mich festsehe, dass ich den Köbessen im Weg stehe, die »dat leckere Dröppke« auf silbernen Tabletts zu ihren Gästen bringen wollen. Diese »optische Reizüberflutung« und Unübersichtlichkeit zeugt von der langen Geschichte des »Uerige« und vor allem der Liebe der Besitzer und Gäste zu ihrem Brauhaus.

Der »Uerige«, eine der ältesten Gaststätten in Düsseldorf, hatte wechselnde Namen: »Heydelberger Faß«, »Großes Faß«, »Bergischer Hof« und wieder »Obergärige Brauerei Im Heidelberger Faß«.

Bereits 1738 gab es in der Bergerstraße 1 eine Kaiserliche-Reichs-Fahrpost. Reisende erhielten dort Kost und Unterkunft. Im Jahr 1755 tauchte zum ersten Mal der Name »Heydelberger Faß« auf, ein Weinlokal mit Übernachtungsmöglichkeiten, Speiseangebot und gelegentlichen Schaustellereien, wie Wulf Metzmacher es in seinem Büchlein »Die dunkle Leidenschaft« beschreibt. Am 4. Januar 1862 kaufte der Gastwirt und Bierbrauer Wilhelm Cürten den »Bergischen Hof« und errichtete in den hinteren Gebäuden und im Keller eine Brauerei; der Name »Im Heidelberger Faß« lebte wieder auf. Wilhelm Cürten war »der Uerige«, anscheinend oftmals schlechter Laune, mürrisch und verschlossen, soll er – außer sonntags zum Besuch des Gottesdienstes – sein Haus

Uerige Alt	alc. 4,7 % vol.; 11,8 % Stammwürze; obergärig
Uerige nicht filtriert	alc. 4,7 % vol.; 11,8 % Stammwürze; obergärig; unfiltriert
Uerige Weizen	alc. 4,7 % vol.; 12,2 % Stammwürze; obergärig
Saisonbiere:	
Uerige Sticke	Ausschank nur am jeweils 3. Dienstag im Januar und Oktober
	alc. 6 % vol.; 14,5 % Stammwürze; obergärig
Uerige Doppelsticke	Ausschank nur in der STICKUM-Bar (falls vorrätig)
	alc. 8,5 % vol.; 21,5 % Stammwürze; obergärig

Hier wird »dat leckere Dröppke« gezapft.

nie verlassen haben. Er hat jedoch bei seinen Gästen einen so starken Eindruck hinterlassen, dass dieser Spitzname bis zum heutigen Tage an der Brauerei und dem Brauhaus kleben geblieben ist.

Sein Sohn und Nachfolger Max Cürten führte von 1886 bis 1902 das Haus. Er investierte in moderne Technik (Eismaschine, Braupfanne mit Vorwärmer). Seine Witwe verpachtete 1907 den »Uerigen« an Johann (Jean) Keller, einen Brauer aus Köln, der wiederum 1912 die »Obergärige Brauerei« käuflich erwarb und bis 1934 führte. Bis 1937 übernahm Braumeister Jakob Lotz die Brauerei als Pächter.

Steht man Ecke Marktstraße/Flinger Straße und schaut hinauf zum Giebel des »Uerige«, so erkennt man dort auf der Dachspitze eine Wetterfahne. Hier hat sich Rudolf (Rudi) Arnold, Kellers Nachfolger, auf eindrucksvolle Weise ein Denkmal gesetzt. Erhobenen Hauptes, mit einem leckeren Alt in der Hand, prostet er dem Himmel zu. »Rudi Arnolds Triumph über das Wetter«, wie Wulf Metzmacher es treffend beschreibt. Mit ihm begann eine neue Ära für den »Uerige«. Am 1. Oktober 1937 übernahm er die Brauerei und musste erleben, wie 1943 und 1944 bei Bombenangriffen Brauhaus und Brauerei zerstört wurden. Es hieß die Ärmel hochkrempeln, anpacken und aufbauen. 1949 war – außer dem Putz am Haus – alles wie früher. Und es ging weiter: Die Grundstücke Rheinstraße

Offene Gärung in futuristischer Atmosphäre.

11 und 9 wurden gekauft, das Brauhaus um »Neweaan« und »Handwerkerstübchen« (»Sauna«) erweitert. 1974 – zum 85. Geburtstag von Rudi Arnold – kam mit der Rheinstraße 7 das »Brauhaus« (so der Name) hinzu. Aus Rudi Arnolds Ära stammt auch die eherne Regel: »Schnapsgenuss während des Bierkonsums ist hier untersagt. Es stört Ihre Gesundheit und mein Geschäft. Der Wirt.« Der Grund war, dass er sich über die Schnapssteuer geärgert hatte, also schenkte er keinen mehr aus.

Vor seinem Tod regelte er seine Nachfolge. »Am 1. Januar 1976 übernahmen Christa und Josef Schnitzler den Uerige. Die Übernahme war damals Stadtgespräch, denn der diplomierte Braumeister Schnitzler galt als Kronprinz der Brauerei ›Schumacher‹ an der Oststraße.« So liest man auf der Uerige-Homepage. Am Flair des Brauhauses wurde nichts geändert, wohl aber die Brauerei auf den neuesten Stand der Technik gebracht, ohne die Tradition zu verletzen. Denn unter dem Dach ein offenes Kühlschiff und zur Kühlung der Würze einen 1999 gefertigten Berieselungskühler, das hat Seltenheitswert!

Seit 1999 steht Michael Schnitzler an der Spitze des Uerige. Seine Idee einer »Gläsernen Brauerei« ist Wirklichkeit geworden. Futuristisch mutet der Gärkeller an. Der Produktionsprozess des leckeren Dröppke kann dem Besucher plastisch nahegebracht werden.

Im Uerige – wie auch in den drei anderen Düsseldorfer Traditionsbrauereien – werden zweimal im Jahr Sonderbiere gebraut: Uerige Sticke und Uerige Doppelsticke. Der Begriff »stickum« bedeutet so viel wie etwas »heimlich«, »im Verborgenen« tun. Da in früheren Zeiten der Braumeister beim Abwiegen der Rohstoffe

Sudhaus mit Blick zum »Brauhof«.

manchmal etwas »großzügiger« war, wurde das so stärkere Bier für den »Eigenbedarf« beiseitegeschafft und heimlich konsumiert.

Die Brauerei ist eine überaus angenehme Mischung aus händischem Brauen und eleganter Zukunft. Unter dem Dach befindet sich in einem hellen, gut belüfteten Raum das offene Kühlschiff. Die zweite Kühlstufe ist der Berieselungskühler. Die vorgekühlte Würze läuft schäumend über die gewellte kupferne Oberfläche per Schwerkraft in eine Auffangschale. Im Kühler befindet sich kaltes Wasser, das die Wärme der Würze aufnimmt und so auf Einmaischtemperatur gebracht wird. Dieses Verfahren gibt es in dem von mir beschriebenen Gebiet nur noch bei der Brauerei Schumacher. Traditionell ist auch das Sudhaus. Viel Kupfer verbreitet hier eine Atmosphäre, die durch die großen Glasfenster bis in das Brauhaus, den »Brauhof«, hinein wirkt. Dezent sind die Bildschirme der Computer untergebracht. Futuristisch wirkt der Gärkeller. Und hier

Die ständigen Gäste: Frau und Herr Doosch.

Zahlen & Fakten:
Ausschlagwürze pro Sud:
72 Hektoliter
Ausschlagmenge pro Jahr:
20.000 Hektoliter
Absatzgebiet: Düsseldorf, zum
Beispiel Ausschank im Carsch-Haus;
nahes Ruhrgebiet: Uerige-Treffs,
Niederrhein

Infos rund um die Brauerei:
Uerige Obergärige Hausbrauerei
GmbH, Bergerstraße 1,
40213 Düsseldorf
Tel. 0211/866 99-0
Fax 0211/13 28 86
info@uerige.de
www.uerige.de

Eigentümer: Michael Schnitzler
Gründungsjahr: 1862

Öffnungszeiten Brauhaus: 10–24 Uhr

Brauereibesichtigungen:
nach Absprache
Brauereishop: Brauhaus Eingang
Bergerstraße
Brauereishop online: ja
Bier kaufen vor Ort: Henkelflaschen-
Siphons, Bügelverschlussflaschen,
Fassbier

Ausflugsziele & Aktivitäten:
- Flanieren auf der Promenade
  am Rheinufer
- Stadtmuseum
- Marionettentheater Düsssseldorf
- Filmmuseum
- Medienhafen mit Gehrybauten
- Altstadtbummel

darf gestaunt werden. Eingebettet in ein
Lichtspiel von Violett und Grün, kann hier
die Hefe ihre Arbeit vollbringen, geschützt
durch eine Glasfront. Transparenz, das ist
die Devise. Eine im wahrsten Sinne des
Wortes gläserne Brauerei. Das zeigt auch
der Blick durch den Glasfußboden in die
Filtration. Dagegen wirken Lagerkeller und
Abfüllung eher nüchtern. Aber genau das
macht den Reiz aus, an einer Brauereiführung teilzunehmen, um anschließend
im Brauhaus »dat leckere Dröppke« Bier
zu genießen. Dort ist mein Lieblingsplatz,
der »Brauhof«, neben Herrn und Frau
Doosch, auch wenn er heute der Rau-
cherbereich ist. Von hier aus kann man,
auf der Bank an der Wand sitzend – vor
sich ein Altbierfass –, das Sudhaus betrachten. Kontakt bekommt man schnell.
Die wandelnden Köbesse verkaufen von
ihren Tabletts Soleier, Frikadellen, saure
Gurken, Brezeln und andere leckere Klei-
nigkeiten. In dieser Hinsicht ist Köln Ent-
wicklungsgebiet.

Als Information für die Kölner: Über
dem Uerige wurde am 24.1.1880 Peter Millowitsch, der Vater von Willy Millowitsch,
geboren. An dieses Ereignis erinnert an
der Außenwand Rheinstraße eine große
Bronzetafel!

Brauerei Ferdinand Schumacher – Düsseldorf

D ampfend fließt die Würze in das Kühlschiff hoch unter dem Dach der Brauerei Schumacher in der Oststraße. Der Duft erfüllt den luftigen großen Raum. Innehalten. Staunend dieses Schauspiel genießen. Wie entrückt schaut man auf die Strudel, die Bläschen. Ein Schauspiel, das man nur noch in wenigen Brauereien erleben kann. Natürlich ist dies nicht bei jeder Brauereiführung zu erleben, denn das Brauen hat seinen eigenen Fahrplan. Auf etwa 70 Grad Celsius kühlt die Würze ab, dann folgt als zweite Kühlstufe eine weitere Besonderheit. Wie auch beim Uerige ist der Berieselungskühler, der 1984 extra für die Brauerei hergestellt wurde, eine Rarität im Brauwesen. Für seine Bedienung braucht der Braumeister besonderes Fingerspitzengefühl und Erfahrung; die Tradition lebt hier fort.

Die Brauerei Schumacher befindet sich seit über 170 Jahren in Familienbesitz. Aber ihr Ursprungsort lag nicht in der Oststraße: »1838 – in diesem Jahr kaufte der ge-

Brauhaus mit Tradition – hier trifft sich Alt und Jung.

Moderner Edel-stahlbottich und alte Kupferhaube.

lernte Bierbrauer Joh. Matthias Schuma-cher die Brauerei ›Im Sonnenaufgang‹ auf der Citadellstraße 12, in der Düsseldorfer Altstadt. Von Carl Joseph Kürten übernahm er die komplette Einrichtung und bezahl-te dafür den damals stolzen Betrag von 1.702 Thaler, 13 Groschen und 6 Pfennige. Matthias Schumacher wusste, was er sei-nen Gästen schuldig war, ein Bier gebraut aus bestem Hopfen, erstklassigem Malz und klarem Brunnenwasser. Er braute sein Bier damals schon nach dem Reinheits-gebot von 1516.« So überliefert es die Brauereichronik.

Da Joh. Matthias Schumacher keine Nachfolger hatte, übernahm sein Neffe Fer-dinand I. die Brauerei und den Brauerei-ausschank. 1871 siedelte er über in die Oststraße, dem heutigen Brauereistand-ort. Seine beiden Söhne setzten die Brau-tradition der Familie fort. Fritz, der ältere, übernahm den elterlichen Betrieb; Ferdi-nand II. kaufte von einem Onkel Carl Ment-

zen am 22. Oktober 1902 dessen Brauerei in der Bolkerstraße 44: »Im Goldenen Kes-sel«, bis zum heutigen Tage der Brauerei-ausschank in der Düsseldorfer Altstadt und – natürlich – weiterhin im Familien-besitz. Bereits 1919 hatte Ferdinand II. die Brauerei seines Bruders in der Oststraße gekauft, in die Gasträume wurde »groß-zügig« investiert. Der Absatz stieg. Der Ruf des obergärigen Biers war hervorragend. 1924 platzten Brauerei und Gaststube aus allen Nähten, wie es hieß. Erst folgte die Erweiterung um das Nachbarhaus Ost-straße 125, dann die Fusion: Zwei Brau-stätten sind vom Unterhalt aufwendig. 1925 wurde die Brauerei in der Bolker-straße geschlossen. Das Brauhaus »Im Goldenen Kessel« wurde von Schwager Jo-sef Schnitzler gepachtet. Dessen Sohn Hans wiederum kaufte 1955 von seinem Onkel die Brauerei mit Stammhaus sowie 1956 auch den »Goldenen Kessel«. Nach-dem er nur zehn Jahre später verstarb,

Schumacher Alt	alc. 4,6 % vol.; 11,6 % Stammwürze; obergärig
Schumacher Jung	alc. 2,8 % vol.; 7,4 % Stammwürze; obergärig
Saisonbier:	
Schumacher Latzenbier	alc. 5,5 % vol.; 13,5 % Stammwürze; obergärig

übernahm zwangsläufig seine Frau Thea das Regiment. Im Brauhaus über dem Büfett sind sie auf Gemälden verewigt: Ferdinand II. und Gertrud Schumacher; Hans und Thea Schnitzler.

Die heutige Chefin Gertrud Schnitzler-Ungermann übernahm 1991 die Brauerei in der fünften Generation. Und sie packt an: Die Renovierung erfolgt in beiden Häusern. 1994 wurde der »Goldene Kessel« für elf Wochen geschlossen, das leckere Alt in der provisorischen Schwemme ausgeschenkt. 1997 wurde in der Oststraße kernsaniert, wie auf der Homepage zu lesen ist: »Als älteste der Düsseldorfer Hausbrauereien, der Tradition stets treu geblieben, wurde das Ursprüngliche bewahrt und erhalten.«

Jeweils am dritten Donnerstag im März, September und November gibt es im Brauhaus an der Oststraße und »Im Goldenen Kessel« das Latzenbier. Mit 5,5 Volumenprozent Alkohol, 42 Bittereinheiten und 44 EBC Farbe hat es einen sehr malzigen Geschmack und eine stärker abgerundete Bitterkeit als das Schumacher Alt. »Früher, als der Brauprozess noch nicht so weit entwickelt war, schwankte die Qualität. Biere, die besonders gut gelangen, wurden damals von den Braumeistern ›op de Latt‹ – also beiseite – gelegt und nur an spezielle Gäste und Freunde des Hauses ausgeschenkt.« So die Erklärung in der Fachzeitschrift Bier & Brauhaus (05/2010), wie es zu dem Namen kam. Der Latzenbierausschank wird im Brauereihof ausgiebig gefeiert. Und nur an den speziellen Tagen kann dieses einmalige Bier in den 1-Liter-Bügelverschlussflaschen käuflich erworben werden.

Zahlen & Fakten:
Ausschlagwürze pro Sud:
74 Hektoliter
Ausschlagmenge pro Jahr:
30.000 Hektoliter
Absatzgebiet: Düsseldorf

Infos rund um die Brauerei:
Brauerei Ferdinand Schumacher,
Oststraße 123, 40210 Düsseldorf
Tel. 0211/82 89 02-0
Fax 0211/13 48 62
info@brauerei-schumacher.de
www.brauerei-schumacher.de

Eigentümer: Gertrud Schnitzler-Ungermann
Gründungsjahr: 1838, seit 1871 in der Oststraße

Öffnungszeiten Brauhaus:
So–Do 10–24 Uhr, Fr, Sa 10–1 Uhr
Öffnungszeiten Brauerei: Mo–Fr
7–16 Uhr, Sa 7–10 Uhr

Brauereibesichtigungen: ja,
Mo–Fr 10–16 Uhr
Brauereishop: im Brauhaus
Bier kaufen vor Ort im Brauhaus & der Brauerei: Literflaschen, Fässchen

Ausflugsziele & Aktivitäten:
- Altstadtbummel
- Komödie Düsseldorf
- Königsallee

Brauerei »Im Füchschen« – Düsseldorf

» Alt! – Keine Panik, wir bremsen auch für Biere.« Ein Fuchs in Polizeiuniform bittet um Ihre persönliche Aufmerksamkeit. Schauplatz: die Rückseite des schwarzen Lkw mit dem amtlichen Kennzeichen D-PK 1148.

»PK« steht hier nicht für »Polizeikontrolle«, es steht für »Peter König«. So heißt der Chef der Düsseldorfer Hausbrauerei »Im Füchschen«, der nun in der vierten König-Generation diesem Unternehmen vorsteht.

1848: Februarrevolution in Frankreich; Märzrevolution in Österreich und Berlin; in Kalifornien wird durch einen spektakulären Fund der Goldrausch ausgelöst; die Niagarafälle führen wegen eines Eisstaus 30 Stunden lang kein Wasser; in Düsseldorf wird in der Ratinger Straße 28 eine Brauerei gegründet. Im Zeichen des »Fuchses«. Dies war das Hauszeichen in Zeiten, als es keine Hausnummern gab und die Häuser unter ihren Hausnamen bekannt waren. Und dieser verschmitzte Meister

Altbier gesellig im Freien genießen!

Reineke wird bis heute das Image fördernd eingesetzt.

1908 übernahm die Familie Theodor König die kleine Brauerei, erkannte die Werbewirksamkeit und nannte die Brauerei »Im Füchschen«. Sechs Jahre später brach der Erste Weltkrieg aus. »Während des Ersten Weltkrieges waren alle kupfernen Kessel eingezogen und eingeschmolzen worden, der Zweite hinterließ gar nur einen Trümmerhaufen aus Brauerei und Gaststätte« (Metzmacher 2006). Brauen war in diesen schweren Zeiten nicht möglich, aber die Familie König ließ sich nicht unterkriegen. 1930 und 1950 eröffnete sie jedes Mal wieder ihr »Füchschen«. Die Familie hielt zusammen. Das Brauhaus war ein beliebter Treffpunkt nicht nur für die einfachen Bürgersleute.

Werbung, die anspricht: »Alt!«

Zahlen & Fakten:
Ausschlagwürze pro Sud:
36 Hektoliter
Ausschlagmenge pro Jahr:
30.000 Hektoliter
Absatzgebiet: Düsseldorf und Umgebung

Infos rund um die Brauerei:
Brauerei »Im Füchschen«, Ratinger Straße 28, 40213 Düsseldorf
Tel. 0211/137 47-0
Fax 0211/137 47-47
info@fuechschen.de
www.fuechschen.de

Eigentümer: Peter König
Gründungsjahr: 1848

Öffnungszeiten Brauhaus:
Mo–Do 10–1 Uhr, Fr, Sa 10–2 Uhr, So 10–24 Uhr

Brauereibesichtigungen: nach Absprache, max. 10 Personen
Brauereishop: am Beichtstuhl

Ausflugsziele & Aktivitäten:
- Altstadtbummel
- Hofgarten
- NRW-Forum
- Tonhalle
- Theatermuseum
- Deutsche Oper am Rhein

Füchschen Alt	alc. 4,5 % vol.; 11,9 % Stammwürze; obergärig
Saisonbier:	
Füchschen Weihnachtsbier	alc. 5,2 % vol.; 13,5 % Stammwürze; obergärig

Dank der nahe liegenden Kunstakademie kamen Künstler, Intellektuelle und auch Industrielle – so Gustav Gründgens, Josef Beuys, Friedrich Flick –, um hier ihr erfrischend leckeres Alt zu genießen. Die Mischung der Gäste macht bis heute das Flair des Hauses aus! Denn in einem Brauhaus sind alle Gäste vor dem Köbes gleich.

Fett wabert die obergärige Hefe über den Rand der offenen Gärbottiche, fällt

satt durch die Schütte herab in die bereitstehende Wanne. Es ist eng, sehr eng im Gärkeller. Es duftet intensiv und angenehm fruchtig. Eine Braustätte mitten in einer Stadt ist für jeden Braumeister eine Herausforderung, nicht nur »Im Füchschen«, nicht nur in Düsseldorf. Gerade wenn der Absatz – zur Freude des Brauereibesitzers und seiner Mitarbeiter – steigt. Wenn die Kapazität erweitert werden muss, dann ist dies nur mit einer architektonischen und technischen Meisterleistung zu bewerkstelligen. Ein neues Sudhaus ist in der Planung. Deshalb ist auch verständlich, dass – wenn überhaupt – es nur für Kleinstgruppen möglich ist, die Braustätte des Füchschen Alt zu besichtigen. Viel Platz braucht man im Füchschen für die Reifung des Biers, mindestens 18 Tage sind dafür vorgesehen. Das kommt dem vollmundigen Geschmack des Füchschen Alts zugute. Gut Ding will Weile haben.

Wie die drei anderen Düsseldorfer Traditionsbrauereien wird auch »Im Füchschen« ein Sonderbier gebraut: Füchschen Weihnachtsbier. Dazu die Originalinformation der Brauerei: »Das Weihnachtsbier wird seit 1996 als Weihnachtsbier angeboten. Vor 1996 wurde das Bier als Spezialität auch zur Weihnachtszeit angeboten. Zu dieser Zeit wurde es aber als ein Stickebier und nicht als Weihnachtsbier verkauft.«

Es ist mit 5,2 Volumenprozent Alkohol etwas stärker als das hauseigene Alt. Passend zum Brauereinamen »Füchschen« erhält es – so Braumeister Frank Driewer – dank vier verschiedener Malzsorten die markante rötliche Farbe. Ab dem 10. November (Martinsabend) kann man es in der 0,5-Liter-Bügelverschlussflasche oder im Partyfässchen kaufen. Ob es dann bis Weihnachten zu Hause stehen bleibt, wage ich zu bezweifeln. Durch einen Aushang am Brauhaus wird das Sonderbier angekündigt. Am Heiligen Abend – und auch nur am 24. Dezember – kann man es dort frisch vom Fass genießen – bis 16 Uhr! Also, wenn Sie Heiligabend vor- und nachmittags noch nichts vorhaben: ab nach Düsseldorf!

Hausbrauerei »Zum Schlüssel« – Düsseldorf

>> Feiern Sie den Tag der Mönche«, so wirbt ein Plakat am Brauhaus »Zum Schlüssel« in der Bolker-straße, und wir werden neugierig.

Mönche und Brauhaus, das hat Tradition. Wurde doch gerade in den Klöstern das beste Bier gebraut – für die Mönche. Die normalen Besucher und Pilger, oder gar das einfache Volk, bekamen die dünneren Biere. Nicht umsonst sind auf dem St. Galler Klosterplan – Anfang des 9. Jahr-hunderts im Kloster Reichenau entstanden – drei Brauereien vorgesehen. In den Fastenzeiten, der kargen Zeit nach dem Martinstag bis Weihnachten und nach Aschermittwoch bis Ostern, versorgten sich die Mönche und Nonnen mit besonders gehaltvollem Bier. Es durfte während dieser Zeit keine feste Nahrung zu sich genommen werden. Aber clever, wie der Klerus damals war, wusste man, dieses Gebot fröhlich zu umgehen. Zu jeder Regel

Stillleben in Brauhausatmosphäre.

hat die katholische Kirche immer ein Hintertürchen, die in diesem Fall lautet: »Flüssiges bricht das Fasten nicht.« Damit die Kalorienzufuhr der streng »fastenden« Klosterinsassen gewährleistet war, verschob man den Wasser-/Malzanteil zugunsten des Malzes. Mehr Malz bedeutet einen höheren Alkoholgehalt. So wurde aus der Fastenzeit die Starkbierzeit. Bis zum heutigen Tage.

Jeden letzten Mittwoch im März – und somit bis auf seltene Ausnahmen in der Fastenzeit – bedienen »Mönche« im »Schlüssel« die Gäste. Das Original Stike Alt wird ausgeschenkt. Ein stärker eingebrautes Alt mit 14,2 Prozent Stammwürze und 6,5 Volumenprozent Alkohol – 1,5 Prozent stärker als das Original Schlüssel. Es

Zahlen & Fakten:
Ausschlagwürze pro Sud:
42 Hektoliter
Ausschlagmenge pro Jahr:
19.000 Hektoliter
Absatzgebiet: Düsseldorf und
Umgebung

Infos rund um die Brauerei:
Hausbrauerei »Zum Schlüssel«, Bolkerstraße 41–47, 40213 Düsseldorf
Tel. 0211/82 89 55-0
Fax 0211/13 51 59
info@zumschluessel.de
www.zumschluessel.de

Eigentümer: Familie Gatzweiler
seit 1936
Gründungsjahr: 1850

Öffnungszeiten Brauhaus:
So–Do 10–24 Uhr, Fr, Sa 10–1 Uhr
Öffnungszeiten Biergarten: bei schönem Wetter im Innenhof der Neanderkirche gegenüber dem Brauhaus

Brauereibesichtigungen:
nach Absprache
Brauereishop: im Brauhaus
Brauereishop online: ja
Bier kaufen vor Ort: 0,5-Liter-Bügelverschlussflaschen, Fässchen

Ausflugsziele & Aktivitäten:
- Flanieren auf der Rheinpromenade
- Altstadtbummel
- Kunsthalle Düsseldorf
- Kom(m)ödchen, Kabarett
- Heinrich-Heine-Geburtshaus
- Heinrich-Heine-Institut

Sudhaus: in Farbe noch schöner!

ist lecker würzig, denn auch die Hopfengabe wird erhöht. Tage vor dem Ausschank sind schon an der Außenfassade Banner angebracht, die den Bierfreundinnen und -freunden den Mund wässrig machen. Von Heimlichkeit keine Spur. Denn der Begriff »Stike« soll sich von »stickum« ableiten, das »heimlich« bedeutet; »stickum« wiederum leitet sich ab von »stick, stik«: finster, so das Deutsche Wörterbuch der Gebrüder Grimm. »Heimlich, hinter vorgehaltener Hand« – so heißt es – sollen Brauer nur besonderen Gästen besonders gut geratenes Bier ausgeschenkt haben, um möglichst viel davon selbst abzubekommen. Wer übrigens im März den Ausschank von Stike verpasst, kann sich den letzten Mittwoch im Oktober merken. Da gibt es zum zweiten Mal im Jahr das starke Bier.

»›Zum Schlüssel‹ ist ohnehin nicht der ursprüngliche Name der drei Häuser, die im Laufe der Jahrzehnte darunter vereint wurden. Nr. 43 hieß ›Im schwarzen Pferd‹ – das Hauszeichen gibt es noch –, Nr. 45 ›Zu den drei Königen‹, Nr. 47 ›Zum roten Ochsen‹. Als erster Brauer im ›Roten Ochsen‹ wird 1850 Jakob Schwenger genannt, auf den Johann Stammen folgte, der die ›Drei Könige‹ übernahm« (Metzmacher 2006). In den Besitz der Familie von Brauer Josef Aders gelangt, bekamen die vereinigten Gebäude den Namen »Zum Schlüssel«. Seit 1936 ist die Brauerei im Besitz der Familie Gatzweiler aus Neuss, bei der nachweislich seit 1313 immer ein Familienzweig im Brauwesen tätig war.

Original Schlüssel	alc. 5 % vol.; 12,8 % Stammwürze; obergärig
Saisonbier:	
Original Stike Alt	alc. 6,5 % vol.; 14,2 % Stammwürze, obergärig

Kürzer – Düsseldorf

Es war eine spektakuläre Aktion. Das Sudwerk der Brauerei Kürzer wurde im Mai 2010 per Kran an seinen Bestimmungsort in einem historischen Haus in der Altstadt Düsseldorfs gehievt. Ebenfalls wurden die fünf ZKG-Lagertanks mit der Spitze nach unten in die verstärkte Decke eingepasst. Auf kleinstem Raum eine optimale Ausnutzung. Die jüngste Brauerei in Düsseldorf strebt ihrer Vollendung entgegen. Für Hans-Peter Schwemin, Gastronom und jetzt Brauereibesitzer, wird ein lang gehegter Traum wahr. Seit 27 Jahren betreibt er seine Kneipen in der Düsseldorfer Altstadt, hat also ein enormes Potenzial an Erfahrung im Geschäft. Es hat gute Planung und viel Arbeit gekostet, die beiden ehemaligen Kneipen »Quetsche«

Das jüngste Brauhaus in Düsseldorf.

Weltpremiere: Das gläserne Altbierfass – Pittermännchen modern interpretiert!

Kürzer Alt
alc. 4,8 % vol.; 11 Grad Plato
Stammwürze; obergärig

Zahlen & Fakten:
Ausschlagwürze pro Sud:
20 Hektoliter
Ausschlagmenge pro Jahr:
Neugründung
Absatzgebiet: Brauhaus Kürzer,
Engelchen und Schaukelstühlchen

Infos rund um die Brauerei:
Brauerei Kürzer, Kurze Straße 18–20,
40213 Düsseldorf
Tel. 0211/32 26 96
Fax 0211/32 26 97
info@brauerei-kuerzer.de
www.brauerei-kuerzer.de

Eigentümer: Hans-Peter Schwemin
Gründungsjahr: 2010

Öffnungszeiten Brauhaus: 11–3 Uhr

Brauereibesichtigungen:
nach Absprache
Bier kaufen vor Ort: 0,5-Liter-Bügelver-
schlussflasche, 5-Liter-Partydosen-
Fässchen

Ausflugsziele & Aktivitäten:
- Flanieren auf der Rheinpromenade
- Altstadtbummel
- Schifffahrt-Museum im
  Schlossturm
- Museum Kunstpalast
- NRW Forum

und »Kiste« räumlich miteinander zu verbinden. Die Mischung aus Tradition und
Moderne, die in das Brauhaus einzieht,
trifft den Geschmack des Publikums. Der
Erfolg ist somit vorprogrammiert.

Das erste Kürzer Alt in der Kurze Straße wurde am 24. September 2010 ausgeschenkt. Eine Bereicherung im Altbiersektor. Fein gehopft und malzig, passt es
sich gut in die Riege der traditionellen Altbiere ein. Braumeister Michael Burkhardt
ist ein überzeugter Altbierbrauer, hat er
doch in einer Düsseldorfer Brauerei gelernt, bevor er zum Studium nach Weihenstephan ging. In der neuen Brauerei
hat er die Möglichkeit, ein neues Bier mit-
zugestalten.

Ein echter Hingucker an der Theke ist
das gläserne Fass, das Hans-Peter Schwemin mit entwickelt hat. Drucktanks hoch
unter der Decke auf schwarzen Doppel-
T-Trägern liefern das leckere Kürzer Alt im
geschlossenen System per Schwerkraft
an das Kürzer-Fass. Ausgestattet ist es mit
einem Innenkühler, sodass das Alt nicht
wie in einem normalen Pittermännchen
im Laufe der Zeit wärmer wird. In einem
modernen Brauhaus kann – obwohl der
Tradition verhaftet – Technik offen gezeigt
werden. Denn: Gezapft wird mit einem
ganz normalen Stechhahn. Top!

Vereinshaus Unterbach – Düsseldorf-Unterbach

I n Düsseldorf-Unterbach wurde am 11. Juni 2010, am Tag des Eröffnungsspiels der 20. Fußballweltmeisterschaft, ein neuer Fußballverein gegründet. Wo? – Natürlich im Vereinshaus! – Im Vereinshaus des neuen Vereins? – Nein. Die Wiege des »Unterbacher F. C.« steht im »Vereinshaus« an der Gerresheimer Land-straße, da, wo das Original Unterbacher »Dröppke« gebraut wird.

In der Chronik der katholischen Pfarrgemeinde St. Maria Himmelfahrt liest man unter der Überschrift »Das Vereinshaus«:

»1908 wurde die ›Gesellschaft Kath. Vereinshaus e. V.‹ gegründet, deren Vorsitzender der Pfarrer war. Leider stellte sich

Vom kirchlichen Vereinshaus zum weltlichen Brauhaus.

Die Fußballweltmeisterschaft 2010 hinterlässt Spuren.

später heraus, dass die Satzung nicht sorgfältig genug formuliert war, was später langwierige Auseinandersetzungen und Prozesse zur Folge hatte. Das Vereinshaus wurde nach dem Plan von Professor Kleesattel (Düsseldorf), einem bekannten Kirchenbaumeister, in fünf (!) Monaten von meist Unterbacher Handwerkern vollendet. Schwierigkeiten gab es mit den drei ansässigen Wirten wegen der Schankkonzession, die zuerst nur für Vereinsmitglieder galt, später aber auf alle Mitglie-

der der kirchlichen Vereine ausgedehnt wurde. Bis es so weit war, spendierte der Pastor ein 1-Hektoliter-Fass zur Überbrückung (der Trockenheit!). Die im Vereinshaus liegenden vier Wohnungen dienten der Finanzierung, auch der Küster wohnte dort und bewirtschaftete das Lokal, was seine finanzielle Basis stärkte. Bühne, Rollwand, Kegelbahn und Billard waren im Hause ... Spektakulär war der Raubüberfall im Pfarrhaus 1908, bei dem zur Bezahlung von Handwerkerrechnungen

Original Unterbacher »Dröppke«
alc. 4,8 % vol.; 11,7 % Stammwürze; obergärig

Saisonbiere:
Maibock, Weihnachtsbock

bereitliegende 6.000,– Mark geraubt wurden und die Haushälterin ›eingeschüchtert‹ wurde. Bis auf 800,– Mark kam das Geld zurück, den Rest spendeten meist die Lieferanten.«

2003 pachteten Ilona Wuttge und Mike Abendroth das Gasthaus und wandelten es 2005 zu einem Brauhaus. Die kleine Brauerei befindet sich in dem Bereich der Gaststätte, wo bis in die 1960er Jahre die Poststelle von Unterbach ihren Sitz hatte. Die Anlage ist 2005 von der Firma Dreher aus Österreich gebaut und installiert worden.

Es gab mehrere Gründe, die Mike Abendroth – gelernter Mess- und Regeltechniker – dazu veranlassten, ein eigenes Bier zu brauen. Zum einen meinte er, dass sich die Trinkkultur beim Bier zur Genusskultur wandeln müsse. Zum anderen gab es in Unterbach keine Brauerei, also ist eine Brauerei im Osten Düsseldorfs ein Alleinstellungsmerkmal, das in das Selbstverständnis des Ortes passt. Ebenso wollte er die Gasthaustradition selbst um die eines neuen Brauhauses erweitern.

Auch der sozialen Komponente des »Vereinshauses« trägt er Rechnung. Fußballverein, Treckerfreunde, Bürgerverein oder die Laienspielgruppe, sie können das »Vereinshaus« kostenneutral nutzen. Die Förderung kleiner sozialer Projekte – gerade im Jugendbereich – sind ihm und seiner Partnerin wichtig. Kreativität fördern und selbst – beim Brauen – kreativ werden, das ist die Devise.

Zahlen & Fakten:
Ausschlagwürze pro Sud:
2,5 Hektoliter
Ausschlagmenge pro Jahr:
250–300 Hektoliter
Absatzgebiet: Brauhaus

Infos rund um die Brauerei:
Vereinshaus Unterbach,
Gerresheimer Landstraße 84,
40627 Düsseldorf
Tel. 0211/209 70 86
Kontaktformular auf Homepage
www.vereinshaus-unterbach.de

Eigentümer: Ilona Wuttge
Gründungsjahr: 2005

Öffnungszeiten Brauhaus:
Di–So 16–1 Uhr, Mo Ruhetag
Öffnungszeiten Biergarten:
bei schönem Wetter

Brauereibesichtigungen:
ja, Bierseminare
Bier kaufen vor Ort: Henkelflaschen-
Siphons, Fässchen

Ausflugziele & Aktivitäten:
· Unterbacher See
· Düsseldorfer Stadtwald

Brauhaus Joh. Albrecht – Düsseldorf-Niederkassel

Ein wenig versteckt auf dem Gelände der Edel-Korn Brennerei Schmittmann befindet sich das Brauhaus Joh. Albrecht. Anfangs ein Geheimtipp, ist es heute ein beliebter Treffpunkt der linksrheinischen Düsseldorfer wie auch ein Ziel der japanischen Besucher des nahen Japanischen Kulturzentrums.

»Aus dem bäuerlichen Straßendorf Niederkassel hat sich ein heterogener Stadtteil für gehobene Wohnansprüche entwickelt. Entlang der Straße Alt-Niederkassel befinden sich noch zahlreiche alte Hofanlagen und Wohnhäuser, die mitunter denkmalgerecht und liebevoll restauriert worden sind. Entlang den Rheinauen

Biergarten im Sommer: Bier trinken in gepflegter Atmosphäre.

zieht sich der Kaiser-Friedrich-Ring, der überwiegend mit Ein- und Zweifamilienhäusern bebaut ist. Hier stehen auch vereinzelt große Stadtvillen. Es handelt sich um eine der besten Adressen der Landeshauptstadt ... In den 1970er Jahren entdeckten die Japaner das linksrheinische Düsseldorf, insbesondere Niederkassel, für sich als Wohnort. Am Niederkasseler Kirchweg bauten sie 1973 eine japanische Schule und in der Nähe 1993 ein Kultur-

Zahlen & Fakten:
Ausschlagwürze pro Sud:
10 Hektoliter
Ausschlagmenge pro Jahr:
600 Hektoliter
Absatzgebiet: Brauhaus

Infos rund um die Brauerei:
Brauhaus Joh. Albrecht,
Niederkasseler Straße 104,
40547 Düsseldorf
Tel. 0211/570 12
Fax 0211/556 05 77
duesseldorf@brauhaus-joh-albrecht.de
www.brauhaus-joh-albrecht.de

Eigentümer: Joh. Albrecht Brauerei Beratung- und Beteiligung GmbH
Gründungsjahr: 1992 (Düsseldorf)

Öffnungszeiten Brauhaus:
Mo–So 12–1 Uhr
Öffnungszeiten Biergarten:
bei schönem Wetter

Brauereibesichtigungen:
nach Absprache
Brauereishop: ja
Bier kaufen vor Ort: Henkelflaschen-Siphons, Fässchen

Ausflugsziele & Aktivitäten:
· Spaziergang durch Niederkassel und am Rheinufer
· Japanisches Kulturzentrum, Eko-Haus

Sudwerk im Glashaus.

zentrum, das Eko-Haus, das den einzigen buddhistischen Tempel der Shinlehre Europas und ein traditionelles japanisches Teehaus beherbergt. Weiterhin gibt es in Niederkassel zwei japanische Kindergärten« (Düsseldorf-Niederkassel, Wikipedia).

Das Brauhaus in Niederkassel liegt in einem gutbürgerlichen Stadtteil von Düsseldorf. Es gehört zu einer Kette von fünf Brauhäusern von Hamburg bis Konstanz. Die Lage der Häuser, so die Firmenphilosophie, richtet sich allein nach der Attraktivität des Standortes und des Objekts. In Niederkassel kam die Bekanntschaft eines Gesellschafters mit der Familie Schmittmann hinzu. Brennen und Brauen,

ein schöner Synergieeffekt. Seit 1992 sind das Brauhaus und die Brauerei im alten denkmalgeschützten Stammhaus untergebracht. Die Erweiterung mit Wintergarten und dem dort installierten Sudwerk ist eine geglückte Kombination.

Bewusst wird im Brauhaus Joh. Albrecht kein Altbier gebraut, um sich von den traditionellen Düsseldorfer Brauereien abzuheben. Die Biere sind, mit Ausnahme des Weizenbiers, untergärig. Die Bezeichnungen Messing, Kupfer und Gold sollen die Gäste zum Schmecken anregen. Es sollen keine gängigen Klischees bedient werden. Und das ist gut so! Neben den leckeren Stammbieren werden auch verschiedene Saisonbiere angeboten.

Messing	alc. 5,2 % vol.; 12,8 % Stammwürze; untergärig; unfiltriert
Kupfer	alc. 5,2 % vol.; 12,8 % Stammwürze; untergärig; unfiltriert
Weizen	alc. 4,7 % vol.; 11,9 % Stammwürze; obergärig; unfiltriert

Saisonbiere:
Gold, Märzenbier, Rotgold; Festbier: Bockbier, Gold Light, Nickel

Brauhaus Alter Bahnhof – Düsseldorf-Oberkassel

Gulasch Bräu – nein, das Gulasch wird hier nicht mit dem hauseigenen Bier gebraut: ein sehr helles obergäriges, sehr hopfenbetontes, trübes Tröpfchen, das ich jeden Tag genießen könnte. Ein Bier, das mit viel Erfahrung gebraut wird. Denn zwei ältere Herren, Herr Enderlein und Herr Scharbeck, sind für diesen leckeren Tropfen verantwortlich.

Beide haben vor ihrem Eintritt in den Un-Ruhestand bei der Schumacher Brauerei auf der rechten Rheinseite gebraut. Schumacher Alt gibt es auch im Alten Bahnhof. Aber jetzt, auf der linken Seite, brauen sie – der Kölner hat natürlich keinen Hintergedanken – ein helles Bier.

Mit dem »Alter Bahnhof« verbinden sich Stadtteilgeschichte und Eisenbahn-

Eines der schönsten Sudhäuser im Rheinland.

Wo früher die Züge hielten, trinkt man heute Bier.

historie, wie es typisch für die Entwicklung im Rheinland des 19. Jahrhunderts war. Der Rhein war damals für die aufstrebenden Eisenbahngesellschaften ein großes Hindernis, da es zunächst keine festen Brücken gab.

Das Gebäude, in dem sich jetzt das Brauhaus befindet, war eigentlich nicht der alte Bahnhof von Oberkassel. Der erste Bahnhof befand sich im Bereich der heutigen Wildenbruchstraße, nahe dem Drakeplatz. Die Passagiere mussten von dort etwa zwei Kilometer über die 1839 errichtete Schiffsbrücke gehen, um ans rechtsrheinische Ufer zu gelangen. Auf der anderen Seite des Rheins bestand dann der Anschluss im ehemals dort befindlichen »Bahnhof Rheinknie« der Düsseldorf-Elberfelder Eisenbahn-Gesellschaft. Deshalb wurde die Strecke im Oktober 1854 vom ersten Bahnhof um 900 Meter bis ans Rheinufer verlängert. Die »Rheinstation Oberkassel« diente somit als Endpunkt für den Eisenbahnverkehr der Aachen-Neuß-Düsseldorfer Eisenbahn-Gesellschaft. Da der Plan einer Eisenbahnfähre zwischen dem Oberkasseler und dem rechtsrheinischen Bergisch-Märkischen Bahnhof gescheitert war, begann man 1859 mit der Planung einer festen Eisenbahnbrücke, die 1870 mit einem Militärtransport nach Frankreich in Betrieb genommen wurde.

Die Rheinstation Oberkassel verlor an Bedeutung.

Die 1895 gegründete »Rheinische Bahngesellschaft« machte es sich zur Aufgabe, eine feste Rheinbrücke für den Straßenverkehr sowie eine elektrische Kleinbahn von Düsseldorf nach Krefeld zu bauen. Am 12.11.1898 konnte die Rheinbrücke nach Oberkassel mit großem Pomp dem Verkehr übergeben werden.

»Die Gründung der Rheinischen Bahngesellschaft ist symptomatisch für die soziologische Situation in der Stadt (Düsseldorf) kurz vor der Jahrhundertwende. Die private Gesellschaft hat nicht nur die erste feste Straßenbrücke über den Rhein gebaut und mehrere Kleinbahnlinien eingerichtet, sondern auch die Ortschaft Oberkassel in der Gemeinde Heerdt, einen ganz neuen Stadtteil, fast ganz aufgekauft und für eine großstädtische Bebauung erschlossen. Die 1898 eröffnete Linie nach Krefeld war die erste elektrische Kleinbahnlinie mit Schnellzugbetrieb in Europa« (Weidenhaupt).

Dass in einer solchen Situation 1898 ein neuer Bahnhof gebaut wurde – der heutige »Alte Bahnhof« –, war laut Braumeister Enderlein eine »Planungssünde«, denn es handelte sich um einen Sackbahnhof, der nicht gebraucht wurde. Nur viereinhalb Jahre war er in Betrieb, dann diente er der Verwaltung der Güterkasse des nahen Güterbahnhofs und beherbergte die Bahnhofsrestauration.

Das Gebäude, bis 1991 im Besitz der Reichsbahn und der Bundesbahn, wurde über drei Generationen von der Familie Vossen bewirtschaftet. Ein iranischer Investor ließ das Anwesen restaurieren. 1992 wurden der »Alte Bahnhof« und die neu installierte Hausbrauerei eröffnet. Mehrere Besitzer und Pächterwechsel taten dem Objekt nicht gut. Eine Zeit lang wurde der Bahnhof von der Brauerei Gatzweiler als »Gatzweiler Brauhaus« betrieben. Als Gatzweiler an die Brauerei Hannen-Tuborg verkauft (2000) und diese wiederum von Oettinger übernommen (2003) wurde, wurden alle Pachtverträge gelöst. Die Gaststätte blieb zwei Jahre lang geschlossen.

Am 19. Juni 2007 kam die Wende. Die Düsseldorfer Gastronomen Jürgen Flohr und Klaus Unterwainig erneuerten die Küche, das denkmalgeschützte Gebäude und die Governeurs wurden mit viel Aufwand und Liebe zum Detail renoviert. 2008 wurde die Brauerei wieder auf Vordermann gebracht. Es konnte ein Braumeister mit Erfahrung gewonnen werden, der dem »Alten Bahnhof« am 22. Juni 2009 ein neues Bier schenkte: »Gulasch Bräu« erschien am Altbierhimmel. Warum die Bezeichnung »Gulasch Bräu«? – Jürgen Floh, als ehemaliger Schumacher-Köbes, bekam während seiner Tätigkeit in der Düsseldorfer Altstadt den Spitznamen »Gulasch«. So einfach ist das. Hoffentlich »erfinden« die beiden emsigen Rentner noch weitere solch leckere Biere! – Ein Highlight ist der Biergarten, der eine hübsche Oase im Getriebe der Großstadt ist. Hier lässt es sich unter alten Kastanien köstlich entspannen!

Gulasch Bräu
alc. 4,6 % vol.; 11,6 % Stammwürze; obergärig; unfiltriert

Zahlen & Fakten:
Ausschlagwürze pro Sud:
15 Hektoliter
Ausschlagmenge pro Jahr:
440 Hektoliter
Absatzgebiet: Brauhaus

Infos rund um die Brauerei:
Brauhaus Alter Bahnhof, Belsenplatz 2, 40545 Düsseldorf-Oberkassel
Tel. 0211/557 89 94-1
Fax 0211/557 89 94-2
info@gulaschbraeu.de
www.gulaschbraeu.de

Eigentümer: Versorgungswerk der Architektenkammer NRW
Gründungsjahr: 1992

Öffnungszeiten Brauhaus:
Mo–So 10–1 Uhr
Öffnungszeiten Biergarten:
bei schönem Wetter

Ausflugsziele & Aktivitäten:
• Bummel durch Oberkassel und am Rheinufer

Im Dom 1601 – Neuss

Z wei Stockwerke geht es in die Tiefe, drei Stockwerke in die Höhe – und gleichzeitig durch die Jahrhunderte. Aus dem Jahr 1601 stammt der älteste Teil des Hauses in der Michaelstraße in Neuss. Seit diesem Jahr gibt es hier nachweislich eine Gastwirtschaft mit Brauerei. Es ist ein kleines Erlebnis, und man braucht Kondition, läuft man treppab und treppauf vom alten Lagerkeller hoch bis ins »Storchennest«, einem Raum, der sowohl als Kleinkunstbühne als auch als höchst gelegener Schießstand in Neuss dient.

Denn Neuss ist die Stadt der Schützen: Das Neusser Bürger-Schützenfest, ausgerichtet am letzten Augustwochenende, ist der gesellschaftliche Höhepunkt der Stadt. Es ist das weltweit größte Schützenfest, das von einem einzigen Schützenverein

Traditionsbrauhaus im Herzen von Neuss.

organisiert wird – und nur Neusser Schützenzüge nehmen daran teil: 2009 waren es 6.979 marschierende Schützen und über 1.200 Musiker. 2007 lag die Zahl der Besucher bei über 1,5 Millionen Menschen. Und natürlich spiegelt sich dies wider in den Namen der Räumlichkeiten der Traditionsgaststätte Im Dom: Jägerzimmer, Michaelstube, Quirinuszimmer. Die Bilder und Collagen, Pokale und Wimpel der Schützenvereine geben diesen Räumen ihr Flair.

Nach den Führungen durch die Brauerei und das Haus zieht sich die Besuchergruppe mit dem Braumeister zurück in die

Zahlen & Fakten:
Ausschlagwürze pro Sud:
11 Hektoliter
Ausschlagmenge pro Jahr:
ca. 300 Hektoliter
Absatzgebiet: Brauhaus

Infos rund um die Brauerei:
Traditionsgaststätte Im Dom,
Michaelstraße 75–77, 41460 Neuss
Tel. 02131/27 55 99
Fax 02131/125 81 12
info@imdom.de
www.imdom.de

Eigentümer: Familie Wiertz
Gründungsjahr: 1801,
wiedereröffnet: 2008

Öffnungszeiten Brauhaus:
Mo–Do 11–14.30 Uhr und
17.30–23 Uhr, Fr, Sa 11–14.30 Uhr
und 17.30–1 Uhr

Öffnungszeiten Biergarten: bei
schönem Wetter wie Brauhaus

Brauereibesichtigungen:
nach Absprache
Bier kaufen vor Ort: Fässchen

Ausflugsziele & Aktivitäten:
· Quirinus-Münster
· Altstadtbummel
· Clemens-Sels-Museum
· Neusser Hafen
· Wandern an der Erft

»St. Quirinus«, der Neusser Dom, als Namensgeber der Brauerei.

Braumeisterstube. Dort wird in gemütlicher Atmosphäre das hausgebraute Bier verköstigt.

In Neuss wird nachweislich seit dem Mittelalter professionell Bier gebraut. Es ist belegt, dass um das Jahr 1400 die Kölner Brauer zugeben mussten, dass das Neusser Grutbier qualitätvoller sei als ihr Kölner Bier. Die Grut war eine Mischung aus getrockneten und gemahlenen Kräutern, mit denen das Bier gewürzt wurde. Die Würzpflanze Hopfen wurde erst ab etwa 1500 in und um Neuss angebaut; die Hopfenproduktion des nördlichen Niederrheins lag in Neusser Hand. Das mit Hopfen gebraute Keutebier führte zu einer Hochphase im Absatz: Durchschnittlich 270 Liter tranken die Neusser pro Jahr. Die wahren Biertrinker noch mehr: »Diese Tatsache wird durch Angaben belegt, die uns über den Bierverbrauch im städtischen ›Gasthaus‹, einer Unterkunft für Arme, Gebrechliche und Kranke, unterrichten. Jedem Insassen standen täglich 1,5 Liter Bier zu, im Jahr also beinahe 550 Liter« (Herborn, 45). Bier hatte damals etwa drei bis vier Volumenprozent Alkoholgehalt, und es war das sauberste Getränk in dieser Zeit.

»Die Brauerei ›Im Dom‹ ist eine gepflegte, gutbürgerliche Gaststätte, die etwa 200 Personen in deftig und solide ausgestatteten Räumen Aufenthalt bietet. Viel dunkles Holz, weißgescheuerte Tische und bleiverglaste Fenster bestimmen Stil und Einrichtung des Hauses. ... Die Küche erfreut sich guten Rufes und Zuspruch. Fast täglich versammeln sich hier zu morgendlichem Stammtisch die ›Lügenmäuler‹, Neußer ›Poahlbürger‹, die echten rheinischen Humor pflegen und so laut und herzhaft zu lachen verstehen, daß sich die alten Holzbalken im Haus biegen und die kunstvoll geschnitzten Lampen hin- und herwiegen« (Die deutsche Gaststätte, 22. Oktober 1966). Daran hat sich nur wenig geändert.

Dom's Alt	alc. 4,8–5,2 % vol.; 12 % Stammwürze; obergärig; unfiltriert
Dom's Gold	alc. 4,9 % vol.; 11,7 % Stammwürze; obergärig
Dom's Weizen	alc. 5,4 % vol.; 17 % Stammwürze; obergärig; unfiltriert

Ratinger Brauhaus – Ratingen

Die Düsseldorfer Hausbrauereien bekommen Konkurrenz – aus Ratingen. Gerstenmalz und Hopfen stehen schon bereit, die ersten Fässer gären. Nur noch wenige Wochen, und das Ratinger Alt kann ausgeschenkt und probiert werden. Seit Jahren hat der Ratinger Gastronom Hans-Willi Poensgen den Wunsch, zu brauen. Seit November sind er und seine Söhne mit den Vorbereitungen beschäftigt ...« (Rheinische Post, 15. Februar 2005).

Er hat alles richtig gemacht! Das beweist die Vehemenz, mit der das Ratinger Alt bei den Bürgerinnen und Bürgern Ratingens und den Bierfreundinnen und -freunden in der »Alten Rheinfähre« in Kaiserswerth angenommen wird. Hans-

Sudhaus kompakt: zwei Maischbottiche mit einem Läuterbottich.

Außenansicht. / Siphon-Abfüllanlage, vom Braumeister selbst konstruiert.

Willi Poensgen, ein Vollblutgastronom und »Lokalmatador«, wollte der Stadt Ratingen nach 90 Jahren ohne Brauerei ein eigenes Bier, ein eigenes Alt geben. Sein Elternhaus, das Gasthaus »Zum treuen Husar«, später »Schinderhannes« bezeichnet, bot sich dafür an. Es wurde umgebaut, eine kleine Brauerei eingebaut, ein Braumeister aus Düsseldorf eingestellt. Jetzt hätte man eigentlich loslegen können. Machte man auch. Nur wollte Poensgen erst einmal wissen, welche Geschmacksvorstellung die Ratinger von ihrem neuen Alt haben. Es wurde eine 90-köpfige Jury gebildet: ein Großteil der Ratinger Prominenz aus Winter- und Sommerbrauchtum, Politik, Sport und Vereinsleben. Fünf unterschiedliche Sude waren gebraut und in Fässer gefüllt worden. Exakt vorbereitet

fand die Verkostung statt. Den Zuschlag bekam Sud »Nummer 4«, eine besonders süffige Variante, mit fast absoluter Mehrheit der Anwesenden.

Aber welchen Namen sollte das frisch gekürte Alt bekommen? Eine öffentliche Ausschreibung wurde gestartet. Über tausend Vorschläge kamen aus der Bevölkerung. Auch hier ein eindeutiger Sieger: »Ratinger Alt«, so wie es auch in dem Zeitungsbericht prophezeit wurde und der Favorit von Hans-Willi Poensgen. Als Dankeschön bekam jeder, der sich an dem Ideenwettbewerb beteiligt hatte, einen Brief von Herrn Poensgen und einen Verzehrschein.

Es ist erstaunlich, dass in der kleinen Brauerei mit einem 250-Liter-Sudwerk über 1.000 Hektoliter Alt pro Jahr gebraut wer-

Ratinger Alt   alc. 5,1 % vol.; 12,8 % Stammwürze; obergärig

Zahlen & Fakten:
Ausschlagwürze pro Sud:
125 x 2 Liter
Ausschlagmenge pro Jahr:
1.100 Hektoliter
Absatzgebiet: Brauhaus und Alte
Rheinfähre Kaiserswerth

Infos rund um die Brauerei:
Ratinger Brauhaus, Bahnstraße 15,
40878 Ratingen
Tel. 02102/219 81 • Kontaktformular
auf Homepage • www.poensgen-
gastronomie-ratingen.de

Eigentümer: Hans-Willi Poensgen
Gründungsjahr: 2005

Öffnungszeiten Brauhaus Ratingen:
Di–Fr 16–1 Uhr, Sa, So, feiertags
11–1 Uhr
**Öffnungszeiten Alte Rheinfähre,
Kaiserswerth:** sommers 9–24 Uhr,
winters 10–24 Uhr
Öffnungszeiten Biergarten:
bei schönem Wetter

Brauereibesichtigungen:
nach Absprache
Bier kaufen vor Ort:
2-Liter-Henkelflaschen-Siphons,
5- bis 30-Liter-Fässchen

Ausflugsziele & Aktivitäten:
- Ratinger Innenstadt
- Erholungspark Volkardey
  (Homepage der Stadt Ratingen!)
- Wanderung um den Grünen See
- LVR-Industriemuseum Ratingen –
  Textilfabrik Cromford

den können. Hier zeigen sich die Perfektion und das Engagement des Teams um den Braumeister Herrn Ziglarski. Die Gär- und Lagertanks stehen in einem gut isolierten Container neben dem Sudhaus. Die Maße sind bestens aufeinander abgestimmt, denn die Reifezeit soll möglichst vier Wochen betragen, damit das Bier seine Vollmundigkeit gewinnen kann. Das Ratinger Alt ist nicht so hopfenstark wie die Düsseldorfer Altbiere, dafür dunkler mit sehr breitem Geschmack. Es wird exklusiv im Ratinger Brauhaus und der Alten Rheinfähre ausgeschenkt. Das ist von Hans-Willi Poensgen so gewollt. Und um sich selbst keine Konkurrenz zu machen, schenkt er in Ratingen in den Suitbertus Stuben Uerige Alt aus.

GROSSRAUM KÖLN

3

Cölner Hofbräu
P. Josef Früh – Köln

Der Kölner an sich verreist nicht gerne«, so strahlt es mir mitten in der Eifel von einer großen Plakatwand entgegen. Und ich werde konfrontiert mit einem lecker gezapften Glas Früh Kölsch. Meine Zunge bekommt Heimweh. Ich möch zo Foß nohm Früh jonn. Immer wieder wird man von den knallroten, karg und intelligent gemachten Werbetafeln geschickt auf Früh Kölsch aufmerksam gemacht, selbst in Düsseldorf.

Marketing. Das war bereits eine Stärke von Firmengründer Peter Josef Früh. 1904 gründete er seine Brauerei für obergäriges Bier nebst Brauereiausschank und nannte das Ganze »Kölner Hofbräu«. (»Kölner« damals noch mit K geschrieben!) Das war stark. »Hofbräu« hört sich edel an.

Vom Feinsten: das moderne Sudhaus mit Schaltzentrale.

Hier hält man Hof, hier verkehrt der Hochadel. »Hof« hört sich an nach Höherem. Und dabei war es »nur« ein kleiner feiner Trick, den Peter Josef Früh anwandte. Er nannte seine Brauerei nach der Straße, an der sie lag: Am Hof.

Als reiner Kölschbrauer setzte Peter Josef Früh von Beginn an auf Qualität. Durch ein neuartiges Filtrierverfahren und eine im Brauprozess differenzierte Hopfengabe braute er ein »anderes« Kölsch, das sich geschmacklich von dem weiland dunklen und bitteren Kölsch abhob und sich noch immer abhebt. Früh Kölsch ist unter den Kölschbieren das hellste Bier. »Je heller ein Kölsch, umso besser und leichter schmeckt es dem Verbraucher«, sagen die Brauer von Früh. Und es kommt vor allem bei den Zielgruppen Frauen und junge Menschen sehr gut an – so die Marktanalyse der Früh-Verantwortlichen.

Früh entwickelte sich in den 1960er Jahren von einer typisch traditionellen Hausbrauerei zu einer beachtenswerten, regional bedeutenden Brauerei. Im Jahr 1969 wurde zum ersten Mal die Flaschenbierproduktion aufgenommen. Im Jahr 1976 erreichte Früh einen Ausstoß von 100.000 Hektoliter, und 1994 wurde ein Jahresausstoß von 400.000 Hektoliter erreicht. 1991 war Früh die erste Kölschbrauerei, die ein alkoholfreies Bier auf den Markt brachte. Die Braustätte befindet sich heute nicht mehr in der City von Köln. 1988 wurde in Köln-Feldkassel, unweit der Regattastrecke am Fühlinger See, eine neue hochmoderne Braustätte errichtet, neben die 2010 auch die Verwaltung zog.

Eine Führung durch die Braustätte der Cölner Hofbräu P. Josef Früh ist wie eine Führung durch die Gemächer am Hofe

Früh Kölsch
alc. 4,8 % vol.; 11,6 % Stammwürze; obergärig

Zahlen & Fakten:
Ausschlagwürze pro Sud:
315 Hektoliter
Ausschlagmenge pro Jahr:
400.000 Hektoliter
Absatzgebiet: Köln und Umgebung, Niederrhein, Eifel, Dependancen in großen deutschen Städten

Infos rund um die Brauerei:
Cölner Hofbräu P. Josef Früh KG,
Robert-Bosch-Straße 15, 50769 Köln
Tel. 0221/97 03 10-0
gastronomie@frueh.de,
verkauf@frueh.de • www.frueh.de

Geschäftsführer: Philipp C. Müller und Alexander Rolff
Gründungsjahr: 1904

Öffnungszeiten Brauhaus:
täglich 8–24 Uhr, www.frueh.de

Brauereibesichtigungen: nein
Brauereishop online: ja

Ausflugsziele & Aktivitäten:
- Kölner Dom, Dombesteigung
- Altstadtbummel
- Museum für Angewandte Kunst
- Museum Ludwig
- Römisch-Germanisches Museum

Im zentralen Läuterrohr erkennt man den Trub der Vorderwürze.

eines fürstlichen Herrschers. Ein etwas rauer, aber freundlicher Empfang an der Pforte – ohne Passierschein kommt man nicht durch –, Einweisung im Empfangsraum, und dann beginnt der Rundgang durch eine Brauerei, die wie ein Museum anmutet. Die Kombination von edelstahlglänzenden Rohrsystemen, zylindrokonischen Gär- und Lagertanks, rasselnden Leergutkästen, rauschender Flaschenreinigung, zischender Fassabfüllung, dem geschäftigen Treiben der Mitarbeiter gepaart mit den Schwarz-Weiß-Fotos von Harald Schwertfeger, den großartigen Gemälden von Pino Allesio, der Müllstatue von HA Schult – das ist ein Genuss! Die Sinne werden gefordert.

Modern ist die Kunst, modern ist die Brauerei. Sie ist auf dem neuesten Stand der Technik, auf Erweiterung angelegt. Stillstand gibt es hier nicht. Maschinen werden individuell von den Mitarbeitern verbessert. Was sich der Hersteller nicht traut, wird innovativ in Eigenregie weiterentwickelt. Wichtige Anlagen gibt es doppelt, damit im Ernstfall eines Ausfalls immer eine laufen kann. Nachhaltigkeit bei den Rohstoffen und der Energiegewinnung ist selbstverständlich. Es wird immer ein bisschen mehr als notwendig investiert – ohne den Gewinn aus den Augen zu verlieren.

Hier trinkt der Kölner Früh Kölsch am liebsten: im Früh am Dom, Früh im Veedel und seit 2009 in Köln-Nippes »Em golde Kappes« – Häuser, die der alten kölschen Tradition des Bier- und Brauhauses, dem Brauereiausschank, alle Ehre machen. Denn: »Der Kölner braucht ab und zu richtig eins auf den Deckel«, wie es auf einer der Werbetafeln so schön heißt.

Privatbrauerei Gaffel Becker & Co. – Köln-Innenstadt und Köln-Porz

Die Privatbrauerei Gaffel hat zwei Braustandorte in Köln: zum einen am traditionellen Standort am Eigelstein und zum anderen mit der Übernahme der Richmodis Brauerei in Köln-Porz.

Gaffel Kölsch. Der Namen dieser Marke erinnert an gute alte kölsche Tradition. Die Gaffeln waren der politische Arm der Zünfte und der Handelsherren Kölns. Mit dem Verbundbrief, der ersten demokrati-schen Verfassung der Stadt, übernahmen 1396 die Gaffeln den Rat der Stadt Köln und stellten die Bürgermeister und die Schöffen, die damaligen Richter. Es gab 22 Gaffeln, deren Wappen im heutigen Gaffel Haus am Alter Markt 20–22 bewundert werden können. Die Zunft und die Gaffel der kölschen Brauer waren von den Mitgliedern her identisch. Es war ein überschaubarer Kreis, der erweitert wurde durch nicht zunftpflichtige wohlhabende

Bürger, die sich als Beigeschworene der Brauergaffel anschlossen. Das Gaffelhaus der Brauer stand an der Schildergasse 96. Das Gebäude wurde leider 1928 abgerissen.

Der Standort der Gaffel Brauerei ist die nördliche Altstadt, das Eigelsteinviertel. Hier, wo das Leben brodelt, wird eine der würzigsten und herbsten Kölschmarken hergestellt. Auf dem Betriebsgelände von Eigelstein und Am Salzmagazin wurde nachweislich bereits seit 1302 – mit Unterbrechungen – gebraut. Brauhaus »Zum Leisten« hieß die kleine Brauerei mit Schankwirtschaft, die um 1500 geschlossen wurde. 1684 erhielt das Haus Eigelstein 41 den schönen Namen »Zur alten Gans«. Eine eigenständige Brauerei wird an dieser Stelle wieder 1822 erwähnt. Diese wechselte mehrmals den Besitzer und wurde 1908 von den Gebrüdern Becker übernommen. Sie bauten das Haus im Stile eines alten Zunfthauses um und benannten ihre Brauerei »Obergärige Bierbrauerei In der Gaffel«.

Die Gebrüder Becker betrieben im Norden Kölns, in Roggendorf-Thenhoven, einen Landhandel. Getreide, Dünger, aber auch Kohle waren ihr Metier. 1884 hatten sie bereits in Dormagen eine Brauerei übernommen, und da lag es nahe, auch in Köln selbst eine eigene Brauerei zu erwerben. Die »Obergärige Brauerei In der Gaffel« war keine große Brauerei, aber sie machte sich einen Namen. 1929 war zu lesen: »Heuer wird hier ein mit den neuzeitlichen Brauerei-Einrichtungen hergestelltes süffiges hochprozentiges Glas Kölsch verabreicht, das einem bei bestzubereiteten Speisen so zunftgerecht schmeckt, wie anno dazumal (1505) dem

Zahlen & Fakten:
Gaffel/Eigelstein
Ausschlagwürze pro Sud:
430 Hektoliter
Ausschlagmenge pro Jahr:
450.000 Hektoliter

Gaffel/Porz
Ausschlagwürze pro Sud:
371 Hektoliter
Ausschlagmenge pro Jahr: 35.000 Hektoliter

Infos rund um die Brauerei:
Privatbrauerei Gaffel Becker & Co. oHG, Eigelstein 41, 50668 Köln
Tel. 0221/16 00 60
info@gaffel.de • www.gaffel.de

Braustätte Köln-Porz:
Welser Straße 18, 51149 Köln

Eigentümer: Heinrich Becker, Heinrich Philipp Becker
Gründungsjahr: 1908

Brauhaus:
Gaffel am Dom, Trankgasse/Bahnhofsvorplatz 1, 50667 Köln, Tel. 0221/913 92 60 • info@gaffelamdom.de • www.gaffelamdom.de

Brauereibesichtigungen: nein
Brauereishop: Gaffel am Dom
Brauereishop online: ja

Ausflugsziele & Aktivitäten:
- Bummel durch das Eigelsteinviertel
- Kölner Dom und Altstadt
- romanische Kirche St. Ursula
- barocke Kirche St. Mariä Himmelfahrt

Hier kann man der Hefe bei der »Arbeit« zuschauen.

Kaiser Maximilian im Festsaale der altehrwürdigen Brauergaffel.« Die Zeit des ersten großen Aufschwungs für die Gaffel Brauerei waren die 1950er und 1960er Jahre. Aus der Hausbrauerei wurde eine mittelständische Brauerei, die heute eine der profiliertesten Kölschmarken produziert. Heute werden auf 2.000 Quadratmetern Brauereigrundfläche 450.000 Hektoliter Kölsch gebraut, was von dem Verhältnis Quadratmeter zu Hektolitern her rekordverdächtig ist

1998 wurde der Gaffel Brauerei als Tochter die Richmodis Brauerei angegliedert, die in Köln-Porz ihre Produktionsstätte hat. Benannt ist sie nach einer berühmten Kölnerin: »Eher steigen meine beiden Pferde auf den Turm, als dass meine Frau lebendig vor dem Tore steht!« Kaum waren diese Worte aus dem Mund des Mengis von Aducht verklungen, da hörte er bereits ein lautes Getrappel auf der Treppe im Turm seines Hauses. Und alsbald konnten die

Kölner Bürger zwei Pferdeköpfe durch die Luken schauend erkennen und ihr lautes Wiehern hören. Richmodis von Aducht war von den Toten auferstanden – scheinbar. Sie war an der Pest erkrankt und scheintot beerdigt worden. Aus dem Sarg konnte sie sich rechtzeitig retten und begehrte dann, vor dem Tor ihres Hauses stehend, um Einlass. Happy End.

Einen glücklichen Anfang hatte Friedrich Winter, als er 1874 aus der Aachener Gegend mittellos in Köln ankam und eine alte Brauerei, das Ursula Bräu, pachtete. 1877 kaufte er sein Stammhaus Schildergasse 37 sowie einen großen Lagerkeller in Köln-Lindenthal.

Friedrich Winter war ein Pionier des modernen industriellen Brauens, gerade in Köln. Er wollte nicht nur die traditionell obergärigen Biere brauen. Er war einer der ersten Brauer, die sich auch an den untergärigen, bayerischen Bieren versuchten und sich durchsetzten. Seine neue überaus moderne Brauerei baute er 1887

Gaffel Kölsch	alc. 4,8 % vol.; 11,5 % Stammwürze; obergärig
Richmodis Kölsch	alc. 4,8 % vol.; 11,5 % Stammwürze; obergärig

in Lindenthal (Linderhöhe), die ständig nach den neuesten Gesichtspunkten der Brautechnik verändert wurde. Im Februar 1930 wurde die Obergärige Bierbrauerei Franz Dünnwald »Richmodisbräu«, Ecke Herzogstraße 18/Perlenpfuhl, als Zweigbetrieb übernommen. Sie lag an einem Standort, der sich nach dem Krieg auszahlen sollte. Die neue Brauerei erreichte eine Gesamtkapazität von für Köln erstaunlichen 80.000 Hektoliter pro Jahr. In der damaligen Zeit war die Norm 3.000 Hektoliter. »Winter Pilsener« und »Winter Münchener« erreichten nicht nur anerkanntermaßen die Güteklasse der Münchener und Pilsener Vorbilder, sondern erwarben sich zusammen mit dem »Winter Export« und dem »Winter Doppel-Märzen« immer mehr Freunde, wie der stetig steigende Ausstoß zeigt. Und auf einem Foto aus den 1920er Jahren liest man: »Echt Kölsch«. Ein vollständiges Sortiment wurde angeboten. Im Zweiten Weltkrieg wurde die Brauerei in Lindenthal zerstört. Sie wurde nicht wieder aufgebaut, sodass nur noch in der Braustätte in der Innenstadt Richmodis Kölsch produziert wurde.

Bis 1968 blieb die Brauerei im Familienbesitz. In jenem Jahr wurde sie von der Königsbacher Brauerei in Koblenz übernommen, die wiederum seit Herbst 1992 zur Karlsberg Brauerei in Homburg/Saar gehört. Im November 1993 erfolgte der Umzug nach Köln-Porz an die heutige Produktionsstätte mit moderner Brauerei und Abfüllanlage.

Der Ausstoß an Gaffel Kölsch beträgt circa 450.000 Hektoliter im Jahr. In Porz werden 25.000 Hektoliter Kölsch gebraut, neben der hauseigenen Marke »Richmodis Kölsch« werden im Lohnbrauverfahren »Garde Kölsch« und »Bürger Kölsch« hergestellt. Das Hauptabsatzgebiet ist der Regierungsbezirk Köln; Gaffel Kölsch kann allerdings auch in der Eifel, im Westerwald, Bergischen Land und der weiteren Umgebung genossen werden, und nicht zu vergessen in den deutschen Zentren, inklusive Düsseldorf (»Eigelstein«) und Berlin. Darüber informiert die Internetseite der Gaffel Brauerei.

In Köln zählen das Gaffel Haus am Alter Markt und Gaffel am Dom zu den beliebtesten Zielen für ein gepflegtes Gaffel Kölsch.

Das Absatzgebiet von Richmodis Kölsch ist der Raum Köln, Rheinisch-Bergischer Kreis, Rhein-Sieg-Kreis. Es wird aber auch in die Räume um Koblenz, Saarbrücken und Ludwigshafen geliefert, bedingt durch die Übernahme durch die Karlsberg Brauerei.

Brauereiansicht am Eigelstein.

Brauerei Päffgen – Köln

Wenn der Kölner das Wort »Päff-gen« hört, dann schnalzt er mit der Zunge, das Wasser läuft ihm als Kölsch im Mund zusammen, und er fühlt sich glücklich versetzt in die leicht rauchige Atmosphäre eines kölschen Bier- und Brauhauses.

Klein, aber oho! Die Hausbrauerei Päff-gen ist die kleinste der Kölner Brauereien und führt seit 1883 das im Schilde, was sie tatsächlich ist: eine »Hausbrauerei«, ty-pisch Kölsch. So wie heute beim Päffgen, war es seit Jahrhunderten in der Stadt. Vorn die Schankwirtschaft und hinten im Hof die Brauerei, die für den eigenen Aus-schank produziert. Fehlt heute nur noch, dass die Köbesse, wie ehedem die Braue-reilehrlinge, tagsüber dem Braumeister

Morgens herrscht im Brauhaus noch Ruhe.

zur Seite stehen und abends die Gäste bedienen. Aber das ist nun wirklich Vergangenheit.

Im Päffgen in der Friesenstraße 64–66 erlebt man – wie sonst in kaum einem kölschen Brauhaus –, dass jeder Mensch gleich ist. Hier gibt es keine Klassenunterschiede. Hier sitzt der Banker mit dem Rentner, die Hausfrau mit der Boutiquebesitzerin Stuhl an Stuhl, Tisch an Tisch. Oder man steht in der Schwemme und schaut dem Köbes zu, wie er einen Kranz mit köstlichem Päffgen Kölsch zapft. Hier werden alle Sinne angeregt.

1883 gründete Hermann Päffgen eine Brauerei in der Sternengasse 10 im Rubenshaus. In diesem Haus wohnte etwa zehn Jahre lang die Familie Rubens. Ein Jahr nach der Geburt von Peter Paul Ru-

bens, des berühmten Barockmalers, kam sie aus Siegen nach Köln. 1587, nach dem Tod des Vaters, zog die Mutter mit den Kindern nach Antwerpen.

1884 siedelte die Brauerei Päffgen an den heutigen Standort in die Friesenstraße um. Das dortige Grundstück einer ehemaligen Spedition war ideal, da die Lagerhallen genügend Platz boten und Fuhrwerke ohne Umstände auf das Gelände fahren konnten.

Diese Atmosphäre hat sich in der Halle hinter dem Sudhaus bis heute erhalten. Hier scheint die Zeit stehen geblieben zu sein. »Wir sind eigentlich eine Biermanufaktur«, meint Braumeister Uwe Wißkirchen. Und damit hat er recht. Brauen ist

Pittermännchen-Abfüllung per Hand. / Sudhaus.

in der Hausbrauerei Päffgen noch reines Handwerk: Kupferne Kessel und Bottiche, offene Gärführung im Braukeller, Abfüllen per Hand in Holzfässer, das hat nichts mit Nostalgie zu tun, sondern mit bester Kölschtradition.

Circa 6.000 Hektoliter Kölsch werden so im Jahr gebraut und allein in Fässer abgefüllt. Päffgen Kölsch selbst wird nur an wenigen Stellen in Köln und im Kauler Hof in Bensberg gezapft. Päffgen Kölsch sichert sich so die Exklusivität des guten Geschmacks. Die Biertrinkerinnen und Biertrinker nehmen es dankend an. Zum Wohl!

Wer Päffgen Kölsch zu Hause mit Freunden genießen möchte, kann sich sein eigenes Pittermännchen am Hintereingang der Brauerei Im Klapperhof kaufen.

Päffgen Kölsch
alc. 5 % vol.; 11,8 % Stammwürze; obergärig

Zahlen & Fakten:
Ausschlagwürze pro Sud:
58 Hektoliter
Ausschlagmenge pro Jahr:
ca. 6.000 Hektoliter
Absatzgebiet: Köln und Bensberg

Infos rund um die Brauerei:
Brauerei Päffgen GmbH & Co. KG,
Friesenstraße 64–66, 50670 Köln
Tel. 0221/13 54 61
Fax 0221/139 20 05
r.paeffgen@t-online.de
www.paeffgen-koelsch.de

Eigentümer: Rudolf Päffgen
Gründungsjahr: 1883

Öffnungszeiten Brauhaus:
So–Do 10–24 Uhr, Fr–Sa 10–0.30 Uhr
Öffnungszeiten Brauerei:
Mo–Fr 7–15 Uhr, Sa 9–12 Uhr
(Anfahrt: Im Klapperhof)

Bier kaufen vor Ort: Fässchen

Ausflugsziele & Aktivitäten:
- St. Gereon
- Kölnisches Stadtmuseum
- Stadtgarten
- Bummel über die Ringe

Brauerei zur Malzmühle – Köln

Wenn man in Köln nach der »Malzmühle« fragt, wird einem wohl jeder den Weg weisen können. Die Brauerei zur Malzmühle am Heumarkt Nr. 6 ist eine Institution in Köln, eines der originellsten Bier- und Brauhäuser, aus der Stadt nicht wegzudenken.

Die Malzmühle ist benannt nach der alten Ratsmalzmühle, die 1572 bis 1853 vor der Einmündung des Duffesbaches in den Rhein betrieben wurde. Malz durfte nur ungemahlen in die Stadt eingeführt werden. Und die Stadt Köln achtete genau darauf, wer braute und wie viel Bier gebraut wurde. Das Malz wurde von Beamten gemahlen. Es musste mit einer hohen Besteuerung von der Stadt gekauft werden. Das Brauen für den Eigenbedarf war steuerfrei. Die Braumeister in den Familien waren die Frauen, die immer dafür zu

Thekeschaaf, Bichtstohl, Kontörche: der Mittelpunkt im Brauhaus.

sorgen hatten, dass genug Bier zur Verfügung stand. Und Frauen waren es auch, die maßgeblich die Geschicke der Brauerei zur Malzmühle lenkten und sie hoffentlich in Zukunft führen werden.

Im Jahr 1858 wurde zum ersten Mal an dem heutigen Standort der Brauerei gebraut: »Malzextrakt-Dampfbrauerei Hubert Koch, Cöln« lautete der Name der neuen Brauerei, wobei »Dampf« für die Art des Heizens des Sudkessels stand. Hubert Koch hieß der Gründer und Besitzer der Brauerei. Sein Sohn Jakob Koch ließ sich die Spezialität, das »Koch'sche Malzbier«, patentieren! In einer Sonderbeilage des Kölner Tageblattes vom

Mühlen Kölsch
alc. 4,8 % vol.; 11,7 % Stammwürze; obergärig

Zahlen & Fakten:
Ausschlagwürze pro Sud:
180 Hektoliter
Ausschlagmenge pro Jahr:
36.000 Hektoliter
Absatzgebiet: Region Köln

Infos rund um die Brauerei:
Brauerei zur Malzmühle,
Heumarkt 6, 50667 Köln
Tel. 0221/21 01 17
Fax 0221/240 88 67
info@muehlenkoelsch.de
www.muehlenkoelsch.de

Eigentümer: Familie Schwartz
Gründungsjahr: 1858

Öffnungszeiten Brauhaus:
täglich 11–24 Uhr
Öffnungszeiten Brauerei: Mo–Do
7–15.30 Uhr, Fr 7–13.15 Uhr

Brauereibesichtigungen: ja
Bier kaufen vor Ort: 0,33-Liter-
und 0,5-Liter-Flaschen in Kästen,
Fässchen

Ausflugsziele & Aktivitäten:
· Schokoladenmuseum
· romanische Kirchen: St. Maria
  im Kapitol, St. Georg
· Rheinauhafen
· Altstadt

Bierfestival Berlin 2010: Mühlen Kölsch trifft Schumacher Alt!

15. Dezember 1929 ist zu lesen: »Neben echt obergärigem hellen Kölsch stellt diese Brauerei nach einem besonders geschätzten Verfahren Koch'sches Malzextrakt-Bier her, das besonders von ärztlicher Seite hoffenden und stillenden Frauen sowie Blutarmen als wertvolles Nähr- und Kräftigungsmittel empfohlen wird. Das Koch'sche Malzextrakt hat sich seit Jahrzehnten einen Ruf weit über Kölns Weichbild hinaus erworben.« 1912 ging die Brauerei in die Hände der Familie Schwartz über. Gottfried Josef Schwartz war der neue Besitzer, ein gelernter Brauer. Er gab der Brauerei den heutigen Namen: Brauerei zur Malzmühle. Seine Witwe Margaretha Schwartz übernahm nach seinem Tod 1923 die Leitung des Unternehmens. Zehn Jahre später folgte ihr Sohn Hubert Josef Schwartz, der 1944 starb. Seine Ehefrau Sybille Schwartz führte die Brauerei durch die Wirren der Zeit. Ihr ist es zu verdanken, dass die Malzmühle nicht – wie andere Kölner Brauereien – für immer geschlossen blieb. Im Zweiten Weltkrieg wurde die Brauerei vollkommen zerstört. Allein das Portal des Brauhauses blieb erhalten. Es gelang Sybille Schwartz mit großem Einsatz, den Betrieb zu retten und die Produktion neu zu beginnen. Das Brauhaus wurde wieder aufgebaut, die Brauanlagen mussten komplett instand gesetzt werden. 1948 gab es wieder frisches Mühlen Kölsch. Vier Jahre später wurde das Brauhaus eröffnet. Zwei Jahre, von 1958 bis 1960, führte Sohn Theodor Schwartz das Unternehmen. Nach seinem plötzlichen Tod nahm wiederum eine Frau das Ruder in die Hand, für 35 Jahre: Anneliese Schwartz, seine Witwe. Die Brauerei zur Malzmühle wuchs unter ihrer Leitung zu einer modernen Brauerei. Vor allem die Erweiterung auf das Nachbargrundstück und das 1964 in Betrieb genommene Sudhaus sind ihr Verdienst. Tag für Tag saß sie im »Thekeschaaf« und wachte im Brauhaus mit Argusaugen über die Köbesse und Zappesse. Seit 1995 führt Sohn Josef Schwartz in der vierten Generation den Betrieb. Seine Nachfolge ist gesichert durch zwei Töchter, die bereits im Betrieb mitarbeiten.

Frisch renoviert und um eine Etage erweitert, präsentiert sich das Brauhaus seit August 2010. Zum ersten Mal kann man auf zwei Ebenen das süffige Kölsch trinken und sogar einen Blick in die Brauerei werfen.

»Mühlen Kölsch« heißt das in der Brauerei zur Malzmühle gebraute Kölsch seit 1958; vor dem Krieg war es ein »Echt Kölsch«. Der englische Bierpapst Michael Jackson beschrieb es folgendermaßen: »Mühlen Kölsch hat einen milden, abgerundeten Geschmack und ein warmes, würziges Aroma. Ein charakteristisches und süffiges Bier!« Zum 150-jährigen Brauereijubiläum wurde ein besonderes Festbier gebraut, leider nur ein Sud. Es war dunkler als das Kölsch, hatte alc. 5,5 % vol., eine Stammwürze von zwölf Grad Plato und 22 Bittereinheiten.

In der Malzmühle gibt es eine mittlerweile selten gewordene Besonderheit, die sowohl »Thekeschaaf«, »Bichtstohl« als auch »Kontörchen« genannt wird. Es handelt sich um ein schrankähnliches Gebilde, das von drei Seiten mit Glas umgeben und von einer Seite offen ist. Vom Bichtstohl aus hat die Geschäftsführung einen guten Blick auf die Schankwirtschaft. Gleichzeitig kann der Zappes kontrolliert werden, und der Köbes rechnet hier ab. Der Fassbierverkauf und die Reservierungen der Tische werden von hier aus erledigt. Schön beschreibt dies Adam Wrede in seinem kölschen Wörterbuch unter dem Stichwort »Thek«: »erkerartig vorgebauter oder nischenförmig ausgesparter Sitz in der Wirtsstube altköln. Bierhäuser zum Ausschank hin; hier sitzen Wirt u. Wirtin passe(n) op alles op un maache Häufjer, schichten die Jröschelcher und Märkelcher openander.«

Brauerei und Brauhaus im Herzen von Köln.

Haus Kölscher Brau-
tradition – Köln-Mülheim

Haus Kölscher Brautradition: ein sperriger Name für eine Brauerei. Er ist eine Folge der Zusammenführung, der Verbindung mehrerer Kölner Brauereien, die heute über die Radeberger Gruppe zum Oetker-Konzern gehören. Gilden Kölsch, Sion Kölsch, Küppers Kölsch, Sester Kölsch sind die Marken, die auf dem Gelände in Köln-Mülheim gebraut werden. Sie haben eine unterschiedliche Geschichte und damit Tradition.

Die heutige Brauerei befindet sich im rechtsrheinischen Köln, auf dem Betriebsgelände der »Balsam Bergische Löwen Brauerei zu Mülheim und Höhenhaus«, deren geschichtliche Wurzeln bis ins Jahr 1863 zurückgehen.

Eine stolze Jahreszahl prägt neben dem Bergischen Löwen das Etikett der Marke: »1296«. In jenem Jahr wurde durch die Kölner Schreinsbücher das Gildehaus, Ecke Unter Goldschmied/Große Budengasse,

![Flaschenabfüllung]

Flaschenabfüllung, für Bescher eine Faszination.

erstmals urkundenmäßig belegt. Die Gilden waren die Interessenvereinigung der Kaufleute und Handelsherren. Gilde-Kaufleute traf man in Brügge, Straßburg, Antwerpen, Venedig, Barcelona, Bergen. In London unterhielten die Kölner Handelsherren, geschützt vom englischen König, seit 1157 die Gildehalle, den späteren hanseatischen Stalhof. Dort konnten sie ihren Geschäften nachgehen, kaufen und verkaufen zum Wohle auch der Vaterstadt. Die Gilden Kölsch Brauerei erinnert mit ihrem Namen und der Jahreszahl 1296 an diese alte Verbindung der Kölner Kaufleute: Weltläufigkeit und heimische Tradition in einem.

In der Stadt Mülheim am Rhein entstanden von 1869 bis kurz vor dem Ersten Weltkrieg vier mittelständische Brauereien. Von diesen blieb nach dem Krieg als einzige Brauerei die Braustätte von Gilden Kölsch übrig mit Betriebsstätten in Köln-Mülheim und Köln-Höhenhaus. Sie firmierte damals unter »Balsam Bergische Löwen-Brauerei zu Mülheim und Höhenhaus«. Das Unternehmen entwickelte sich blendend. 1924 gehörte die Brauerei bereits zu den führenden Brauereien Westdeutschlands. Der technische Fortschritt wurde konsequent genutzt, sodass im Laufe der Jahre immer auf modernstem Stand produziert werden konnte. Die gute Entwicklung wurde durch den Ausbruch und die Zerstörungen im Zweiten Weltkrieg jäh beendet. Der Betrieb lag fast völlig in Trümmern. Es bedurfte harter und beschwerlicher Aufbauarbeiten, um die Betriebsstätte wieder produktionsfähig zu machen. Im Jahr 1946 konnte bereits ein Ausstoß von 20.000 Hektoliter ver-

Zahlen & Fakten:
Ausschlagwürze pro Sud:
450 Hektoliter
Ausschlagmenge pro Jahr:
ca. 500.000 Hektoliter
Absatzgebiete:
Sion Kölsch: nationale Marke der Radeberger Gruppe, Großstädte
Gilden Kölsch: Köln und Umgebung

Infos rund um die Brauerei:
Haus Kölscher Brautradition,
Bergisch-Gladbacher Straße 116–134,
51065 Köln
Tel. 0221/962 99-0
Fax 0221/962 99-433
marketing@gilden.de
www.gilden.de, www.sion.de

Eigentümer: Radeberger Gruppe, Frankfurt
Gründungsjahr: unterschiedlich

Brauhäuser:
Brauhaus Sion, Unter Taschenmacher 5–7, 50667 Köln, 0221/257 85 40
www.brauhaus-sion.de
Gilden im Zims, Heumarkt 77, 50667 Köln, 0221/26 86 61 10
www.gilden-im-zims.de

Brauereibesichtigungen: nein
Brauereishop online: ja

Ausflugsziele & Aktivitäten:
- Rheinpark
- Rheinseilbahn
- Claudius Therme
- Stammheimer Schlosspark
- Spaziergang am Rheinufer

**Jedem Veedel
sing Kölsch.**

zeichnet werden – 62.000 Hektoliter weniger als vor dem Krieg, aber ein guter Anfang. 1950 wurde die 50.000-Hektoliter-Marke erreicht, 1976 wurden etwa 200.000 Hektoliter Gilden Kölsch gebraut. Bis Ende 1973 wurden neben Gilden Kölsch weitere untergärige und obergärige Biere unter der Bezeichnung Gilden Alt(!), Höhenhaus Pils, Bergisch Löwen Spezial Export, Bergisch Weizen Malzbier und Höhenhaus Urbock gebraut. Diese Marken wurden aufgegeben: Seit 1974 wird ausschließlich Gilden Kölsch gebraut.

Die drei weiteren Kölsch-Marken sind im linksrheinischen beheimatet.

Anfang des 20. Jahrhunderts kam Jean Sion mit seiner Familie aus der Eifel nach Köln. Er selbst war ein Brauer, der die Tradition seiner Familie am Rhein fortsetzen wollte. 1915 kaufte er eine alteingesessene Brauerei im Herzen der Altstadt: Unter Taschenmacher 5. Es war eine normale Hausbrauerei mit Schankwirtschaft, die er nach dem Erwerb in eine für damalige Verhältnisse moderne Braustätte wandelte. Als dynamischer Mensch wollte er bei Überkommenem nicht stehen bleiben. Die Brauerei wurde gleichzeitig erweitert, um für neu zu gewinnende Abnehmer genügend Kapazität zu erhalten. Gebraut wurde »in reiner Obergärung ... aus edelstem Hopfen und Malz« (Rick/Fröhlich). Die Brauerei hieß bis zum Jahr 1937/38 tatsächlich »Dom Brauerei«, und die dazugehörige Schankwirtschaft wurde »Im Dombräues« genannt. Sie verlor diesen Namen in einem Prozess an die Hirsch Brauerei in Bayenthal, die ein Dom-Pils braute und Anspruch auf den Namen »Dom« erhob. Der Familie Sion musste allerdings eine Abfindung gezahlt werden. Sion nannte sich ab sofort »Altstadt Bräu«. In den 1930er Jahren übernahm Hans Sion die Brauerei. Er hatte nicht nur in Weihenstephan das Brauerhandwerk gelernt, sondern zusätzlich noch das juristische Staatsexamen gemacht; für einen Brauereibesitzer sehr nützlich. Der Zweite Weltkrieg brachte das Aus für die Brauerei und deren Braustätte in der Altstadt. Sie wurde vollkommen zerstört. Nach dem Krieg wurde die Schankwirtschaft wieder auf-

Sion Kölsch	alc. 4,8 % vol.; 11,2 % Stammwürze; obergärig
Gilden Kölsch	k. A. alc. vol.; k. A. Stammwürze; obergärig

gebaut. Sion Kölsch wurde im Lohnbrauverfahren zuerst bei Früh, später in der Brauerei »Zur Malzmühle« gebraut, bis 1978 die Übernahme der Hubertus Brauerei in Köln-Müngersdorf erfolgte. Sie wurde umbenannt in Sion Brauerei, und Sion Kölsch hatte eine eigene Braustätte – allerdings nur für recht kurze Zeit. Mit der Übernahme durch Brau und Brunnen wurde die Produktion nach Mülheim verlegt.

Hans Sion war lange Jahre der Vorsitzende des Kölner Brauerei-Verbands. Er wird gern als der »Vater des Kölsch« bezeichnet, da er sich intensiv dafür eingesetzt hat, dass Kölsch als regionale geografisch geschützte Spezialität anerkannt wurde. Unter seiner Ägide wurde 1986 die »Kölsch-Konvention« verfasst und von 24 Brauereien unterschrieben.

Der Ursprung der »Privatbrauerei Sester GmbH & Co. KG« liegt in Widdersdorf, heute ein Stadtteil an der westlichen Grenze Kölns. Seit 1805 gab es mitten im alten Ortskern eine Brauerei, die nicht nur einen eigenen Ausschank betrieb, sondern auch Gaststätten in der unmittelbaren Umgebung mit »Dunkles Tafelbier« belieferte. Ihr Gründer war Wilhelm Sester. Er war der erste einer langen Dynastie von Brauern. 1902 wurde die Brauerei in »Bürgerliches Brauhaus Widdersdorf, Gebr. Sester« umbenannt. 1917 zog der Betrieb nach Köln-Ehrenfeld in die Vogelsanger Straße, wo bis 1995 gebraut wurde.

Küppers Kölsch ist die jüngste Marke im Verbund, und viele Jahre war die Braustätte in der Alteburger Straße mit einer Gesamtkapazität von 1,4 Millionen Hektolitern die größte Brauerei Kölns. Dort

hatte die Wicküler Brauerei seit 1915 eine Dependance. Die Fässer aus Wuppertal konnten auf dem Schienenweg schnell geliefert werden. Große Keller erlaubten das Fassbiergeschäft; eine Umfüllung in kleinere Fässer war möglich. Die Wicküler Biere waren von den auswärtigen Bieren die beliebtesten und somit meistverkauften Biere in Köln. Neben den traditionellen Pferdegespannen wurden Lkw angeschafft, damals noch mit Vollgummibereifung, die im Laufe der Zeit die Kaltblüter mehr und mehr ersetzen sollten. Nach dem Zweiten Weltkrieg hatten zwei Strömungen in Köln Auswirkung auf den Biermarkt. Die Heimkehrer nach Köln identifizierten sich in einem sehr hohen Maße mit obergärigem Kölsch. Es war das Bier der Heimat. Es erfolgte ein enormer Aufschwung im Fassbiergeschäft. Ende der 1950er Jahre betrug der Marktanteil von Kölsch immerhin 50 Prozent. Die zweite Strömung war die Hinwendung zur Flasche. Flaschenbier war vor dem Krieg das Bier der Betuchten. Der normale Kölsche holte sich den Haustrunk per Kanne oder Siphon aus der Kneipe. Das Fernsehen begann seinen Siegeszug in den deutschen Wohnzimmern. Ein leckeres Kölsch aus der Flasche mit Salzgebäck auf dem Nierentisch versprach das Paradies für den Konsumenten. Und genau an diesen beiden Stellen stieß Wicküler-Küpper in eine Marktlücke. Am 20. Mai 1962 wurde die neue Marke Küppers Kölsch auf den Markt gebracht. Gebraut wurde im Lohnbrauverfahren – nach eigenem Rezept – in der Brauerei Peter Josef Früh, Am Hof, da Küppers selbst noch keine eigene Braustätte besaß. Musste das noch per Hand abge-

Lagertanks säumen die Straße.

füllte Flaschenkölsch der anderen Kölsch-brauereien nach sieben bis acht Tagen getrunken sein, so hielt sich Küppers Kölsch wie untergäriges Bier mehrere Wochen. Es wurde in allermodernsten Anlagen unter strikter Einhaltung der Sterilität abgefüllt. Vorher wurde es kurzzeitig pasteurisiert. »Küppers schmeckt aus der Flasche so gut wie vom Faß«, versprach die Werbung, und der Verbraucher kaufte. Kaum war der erste Brauereiabschnitt beendet, so wurde bereits mit der Erweiterung begonnen. Der erste Probesud wurde im Mai 1964 in der neuen Brauerei vergoren. Vier Ausbaustufen waren im Endeffekt nötig, mit einer Gesamtbraukapazität von 1,4 Millionen Hektoliter, um der Nachfrage gerecht zu werden. Ende der 1960er Jahre wurde die Küppers Kölsch AG als Tochter der Wicküler-Küppers AG unterstellt.

Unter der Federführung einer Kölner Brauerei kam es zum ersten Kölsch-Prozess. Küppers besaß bis 1964 keine eigene Brauerei. Per Gerichtsbeschluss sollte durchgesetzt werden, dass das Etikett von Küppers Kölsch einen Aufdruck »Gebraut in der Brauerei Früh« erhielt. Die Braustätte sollte angegeben werden. Der Prozess zog sich bis ins Jahr 1964 hin. Dann

konnte die Brauerei die eigene Braustätte in Bayenthal vorweisen. Die Prozessgrundlage war nicht mehr gegeben.

Der zweite Kölsch-Prozess wurde von der Küppers Brauerei in Gang gesetzt und ging um die Frage: Von wem und vor allem wo darf Kölsch überhaupt gebraut werden? Anlass war, dass eine Bonner Brauerei auf ihr Etikett »Kurfürsten Kölsch aus Bonn« drucken ließ. Es kam zu einer gerichtlichen Verfügung, dass »aus Bonn« überklebt werden müsse. Das salomonische Urteil des Oberlandesgerichts Köln lautete: Kölsch muss innerhalb der Stadtgrenzen gebraut werden. Wer bereits Kölsch auf dem Markt hatte, genoss Bestandsschutz. Rücksicht genommen wurde auf die Belegschaften, und es sollten Umsatzeinbußen der Brauereien vermieden werden. Dieses Urteil wurde in die Kölsch-Konvention von 1986 mit einbezogen.

Wicküler – und somit auch die Küppers Kölsch Brauerei AG – wurde 1990 an den niederländischen Brauereikonzern Grolsch verkauft. 1994 übernahm die Deutsche Brauerei Holding (Brau und Brunnen) die Geschäftsleitung, die wiederum in der Radeberger Gruppe der Oetker Gruppe, der heutigen Eignerin, aufging.

Gebr. Sünner Brauerei und Brennerei – Köln-Kalk

Luur ens von Düx noh Kalk: Dort, wo heute Autoverkehr und Straßenbahnen aus Richtung Innenstadt über die Deutzer Brücke das rechte Rheinufer Kölns erreichen, stand früher eine Brauerei mit ihrem Brauhaus. Damals wie heute war der Verkehr das Verbindende. Christian Sünner übernahm 1846 die damalige Bahnhofsgaststätte des Köln-Mindener Bahnhofs: das an der Deutzer Freiheit Nr. 3 liegende Brauhaus »Zum Schiffgen«. Hausbrauerei, Brennerei und Schankwirtschaft bestanden bereits seit 1830 und waren ein Komplex. Doch bald musste der geschäftstüchtige Christian Sünner, dank guter Geschäftslage, für die

Das Sünner-Sudhaus steht unter Denkmalschutz.

Das älteste Brauereigebäude in Köln.

Brauerei ein neues Gelände suchen. Dass seine Wahl auf das damals noch kleine Kalk fiel, war ein Glückstreffer. Kalk, ein Industrie- und »Braunkohledorf«, prosperierte – und mit ihm die Brauerei. Auf dem Gelände der Zeche »Neu-Deutz« gebaut, hatte die junge Brauerei alsbald ihren Namen weg: »Zechenbrauerei Gebr. Sünner, Dampfkornbranntweinbrennerei«, so ist es auf einem Briefkopf aus dem Jahr 1898 zu lesen. Mit Stolz präsentierte man unter den Insignien der Bergmannszunft ein Bild des Betriebsgeländes. Eismaschinen, Doppelsudwerk: Die moderne Technik hatte Einzug gehalten. Untergäriges Lagerbier nach bayerischer Art wurde gebraut, zum ersten Mal im Kölner Raum. Dieses neue Bier gewann rasch einen großen Kundenkreis und begründete den Ruf des Sünner Bräu.

Das Angebot der bei Sünner gebrauten Biere war groß: Bock-, Export- und Lagerbier waren erhältlich. Ab 1920 kamen Märzen-Bier und ab Oktober 1922 Pils hinzu. Das von 1927 bis 1972 gebraute Sünner Kristall war ein untergäriges Vollbier mit Exportbiercharakter. Natürlich gab es auch ein obergäriges kölsches Bier. Ab 1906 war es ein fester Bestandteil in der Produktpalette. Den Namen »Kölsch« benutzte man seit 1918 als erste Brauerei überhaupt! Der Zweite Weltkrieg unterbrach wie bei allen Brauereien die positive Entwicklung des Unternehmens. Die Brauerei und Brennerei Kalk wurde bei Luftangriffen nahezu völlig zerstört. Und trotzdem: Die Brüder Friedrich und Kurt Sünner erreichten nach Kriegsende, dass die historische Brauerei in ihrer ursprünglichen Form wieder aufgebaut wurde. Mit Astrid Schmitz-DuMont hat mittlerweile die sechste Generation der Familie Sünner die Führung der Brauerei in die Hand genommen und setzt somit

Sünner Kölsch	alc. 4,8 % vol.; 11,3 % Stammwürze; obergärig
Sünner Hefeweizen	alc. 4,8 % vol.; 11,7 % Stammwürze; obergärig
Sünner BioColonia	alc. 4,8 % vol.; 11,3 % Stammwürze; obergärig; unfiltriert

Hier entsteht Kölsch.

Zahlen & Fakten:
Ausschlagwürze pro Sud:
160 Hektoliter
Ausschlagmenge pro Jahr:
ca. 40.000 Hektoliter
Absatzgebiet: Großwirtschaftsraum
Köln in einem Umkreis von etwa
60–80 Kilometern

Infos rund um die Brauerei:
Gebr. Sünner GmbH & Co. KG,
Kalker Hauptstraße 260,
51103 Köln-Kalk
Tel. 0221/987 99-0
Fax 0221/87 83 81
info@suenner.de
www.suenner-brauerei.de

Eigentümer: Astrid Schmitz-DuMont
Gründungsjahr: 1830

Öffnungszeiten Sünner Keller:
Mo–Fr ab 16 Uhr, Sa ab 12 Uhr,
So, feiertags ab 16 Uhr
Öffnungszeiten Biergarten:
bei schönem Wetter
Öffnungszeiten Brauerei:
Mo–Do 7.30–16 Uhr, Fr 7.30–14 Uhr

Brauereibesichtigungen: ja
Brauereishop: ja, im Sünner Keller
Bier kaufen vor Ort: das ganze
Sortiment

Ausflugsziele & Aktivitäten:
•   Natur- & Wissenschaftsmuseum
•   Odysseum
•   LANXESS arena

die Tradition der stets im Familienbesitz befindlichen Brauerei und Brennerei fort.

Im Schatten des historischen Sudhauses eröffnete Anfang Juni 1996 der Brauerei-Biergarten. An der Stelle, wo sich bereits in den 1920er Jahren der Sünner Zechen-Biergarten befand, ist eine kleine Oase geschaffen worden, in der sich Freunde des Sünner Kölsch wohlfühlen dürfen. Hier kann sich der Gast – wenn er mag – sein Kölsch aus einem 10-Liter-Pittermännchen selbst zapfen. Als weiteres Kalker Highlight kann der 2009 eröffnete Sünner Keller bezeichnet werden. Im alten Eiskeller, einem liebevoll hergerichteten historischen Gewölbekeller aus der Gründungszeit der Brauerei, kann man die Produkte der Brauerei und der Brennerei genießen. Die Brauerei Sünner ist – neben der Brauerei Heller – die einzige Kölner Brauerei, die ein Bier mit Bio-Zertifizierung nach EG-Öko-Verordnung braut: BioColonia.

Brauerei Heller – Köln

Es war schon ein mutiger Schritt in einer Stadt wie Köln, die von ihren traditionellen Kölschbrauereien mit dem leckeren Gerstensaft versorgt wird, eine neue Brauerei zu eröffnen. Aber es war ein Schritt in die richtige Richtung, denn die Brauerei Heller ist ein erfolgreiches Unternehmen.

1978 hatte Hubert Heller das 1888 erbaute Gebäude in der Roonstraße gekauft. Es hatte schon eine bewegte Vergangenheit hinter sich, diente es doch bereits als Wein- und Sektkellerei, als Fabrik für Brauereimaschinen und zur Likör- bzw. Kräuterschnapsherstellung. Die Firma Flimm produzierte hier von 1952 bis 1976 den Kräuterlikör »Kabänes« mit dem Werbeslogan: »Die Karawane zieht weiter ... Kabänes zieht mit.« Die kölsche Band »Höhner« hat daraus in abgewandelter Form einen Karnevalshit gemacht.

1991 wurde die Brauerei eröffnet. Das war ein Novum, da laut Gewerbeaufsichtsamt eine neue Brauerei nur in einem

Abfüllanlage für Bügelverschlussflaschen.

Zahlen & Fakten:
Ausschlagwürze pro Sud:
25 Hektoliter
Ausschlagmenge pro Jahr:
4.000 Hektoliter
Absatzgebiet: Köln

Infos rund um die Brauerei:
Brauerei Heller, Roonstraße 33,
50674 Köln
Tel. 0221/24 25 45 • Fax 0221/23 92
00 • info@brauerei.heller.com
www.hellers-brauerei.de

Eigentümer: Barbara Heller
Gründungsjahr: 1991

Besonderheit: Hellers Biere in
Flaschen werden in Bio- und Natur-
kostläden verkauft, sowohl regional
als auch in zunehmendem Maße
bundesweit. Die Rohstoffe stammen
ausschließlich aus ökologischem
Anbau. EG-Kontrollnummer:
D-NW-D-13-2143-B

Öffnungszeiten Brauhaus: täglich ab
17 Uhr, feiertags geschlossen;
Info: 0221/240 18 81
Öffnungszeiten Volksgarten: bei
schönem Wetter täglich ab 11.30 Uhr,
Info: 0221/38 26 26

Brauereibesichtigungen: ja;
Tel. 0221/923 50 96; Kontakt auf
der Homepage
Brauereishop: ja, im Brauhaus
Bier kaufen vor Ort: in der Brauerei,
Mo–Fr 8–16 Uhr

Ausflugsziele & Aktivitäten:
· Synagoge in der Roonstraße
· Bummel in der Engelbertstraße
   und auf den Ringen
· Herz Jesu-Kirche, Zülpicher Platz
· Grüngürtel

Industriegebiet eröffnen dürfe. Die Stadt Köln hatte allerdings Interesse, dass eine Hausbrauerei nahe bei den Verbrauchern entstehen sollte, in diesem Falle direkt im Studentenviertel Kwartier Latäng. Man einigte sich darauf, nicht mehr als 5.000 Hektoliter pro Jahr zu brauen.

Zunächst wurde trübes Bier produziert: Hellers Wiess. Da aber die Kölner kein trübes, sondern am liebsten blankes Bier konsumieren, wurde nach wenigen Wochen – per Weinfilter – filtriert: So entstand

Maischbottich und Brauhaus.

das Hellers Kölsch. Kontinuierlich wurde in die Technik und damit in die Qualität investiert. Alle Arbeitsschritte finden jetzt in der Roonstraße statt. Nach und nach kamen weitere Biersorten hinzu. Die Nachfrage in der hauseigenen Diskothek Roonburg und den Biergärten nach Weizenbier war groß, ebenso der saisonale Wunsch nach Starkbier. Die Schlussfolgerung: Warum diese Biere zukaufen, wenn wir sie auch selbst herstellen können? Seit 2008 wird seit langer Zeit wieder das erste Pils in Köln gebraut.

Um den Bedarf der Bioläden und -märkte mit kölschem Bier zu decken, wird in 0,5-Liter-Bügelverschlussflaschen abgefüllt. Dies ist zwar arbeitsaufwendig, aber die in Holzbierkästen vertriebenen Flaschen heben sich wohltuend von den Kronkorkenflaschen ab – und sind natürlich ein auffälliges Marketinginstrument.

Das Brauhaus in der Roonstraße – äußerlich unscheinbar – gehört zu den schönsten seiner Art! Die Blumen im »Wintergarten« werden von einem professionellen Gärtner gepflegt. Einmal die Woche werden sie mit einer Brause gewässert und regelmäßig umgetopft. Empfehlenswert ist auch der brauereieigene Biergarten im Vorgebirgspark! Auf dem großen Teich nebenan kann man in aller Ruhe Tretbootfahren – in der Hand ein Hellers Kölsch in der Plopp-Flasche, ohne die Polizeikontrolle fürchten zu müssen.

Hellers Kölsch	alc. 4,5 % vol.; 11,7 % Stammwürze; obergärig
Hellers Wiess	alc. 4,5 % vol.; 11,7 % Stammwürze; obergärig; unfiltriert
Hellers Weizen	alc. 5 % vol.; 12,5 % Stammwürze; obergärig; unfiltriert
Hellers Pils	alc. 4,7 % vol.; 11,9 % Stammwürze; untergärig
Saisonbiere:	
Hellers Maibock	alc. 6,5 % vol.; 16,5 % Stammwürze; obergärig
Hellers Weizenbock	alc. 6,5 % vol.; 16,5 % Stammwürze; obergärig

Weiss Bräu zu Köln – Köln

Aller guten Dinge sind (hoffentlich) drei. Im März 2009 schloss das 1991 eröffnete »Weiss Bräu – Brauhaus am Barbarossaplatz« seine Pforten, ohne Vorankündigung. Die Menschen im Pantaleonsviertel waren schockiert über das Ende »ihres« Brauhauses, »ihrer« Brauerei. Aber nach sechs Monaten konnte in den frisch renovierten Räumen die Neueröffnung gefeiert werden. »Freischem's« hieß das neue Brauhaus. Be-

dauerlicherweise hatte es nur neun Monate lang Bestand. Und nun die dritte Neueröffnung. Die Brauerei bekommt wieder den Namen »Weiß Bräu«, diesmal mit dem Zusatz »zu Köln«. Und auch der Braumeister des ersten Weiss Bräu ist wieder mit von der Partie.

Das Haus, in dem sich die kleine Brauerei befindet, ist bereits seit 1899 eine Braustätte. Damals – nach dem Abriss der mittelalterlichen Stadtmauer Kölns –

Weiss Bräu – Außenansicht/Sudhaus.

Gebraut werden – natürlich – ein Kölsch, ein unfiltriertes »Weiss Bräu« sowie ein dunkles Bier »Pantaleons Schwarze«, und helles Weizenbier.

Pantaleons Kölsch
alc. 4,8 % vol.; 11,5 % Stammwürze; obergärig

Pantaleons Wieß
alc. 4,8 % vol.; 11,5 % Stammwürze; obergärig; unfiltriert

Zahlen & Fakten:
Ausschlagwürze pro Sud:
12 Hektoliter
Ausschlagmenge pro Jahr:
Neugründung
Absatzgebiet: Brauhaus

Infos rund um die Brauerei:
Weiß Bräu zu Köln, Am Weidenbach 24, 50676 Köln
info@weiss-bräu.de
www. weiss-bräu.de

Eigentümer:
Brau Imhaus Gastro GmbH
Gründungsjahr: Januar 2011
Öffnungszeiten Brauhaus: So–Do 10–24 Uhr, Fr + Sa 11 – open end

Ausflugsziele & Aktivitäten:
* St. Pantaleon, romanische Kirche, Sarkophag der Kaiserin Theophanu
* Spaziergang in den nahe gelegenen Volksgarten und/oder Vorgebirgspark
* mittelalterliche Stadtmauer am Sachsenring
* Bummel in die nahe gelegene Innenstadt

eröffnete der Brauer Gottfried Krups eine Hausbrauerei, die bereits zwei Jahre später, 1901, von Jean Weiden und seiner Familie übernommen wurde. Jean Weiden hatte vorher eine Brauerei in der Kölner Altstadtstraße »Auf dem Rothenberg« bewirtschaftet. Die Familie Weiden braute bis 1928. Ihr Nachfolger Caspar Moll musste die Brauerei im Jahr 1929 schließen, da er in den Wirren der Wirtschaftskrise den Betrieb nicht mehr halten konnte. Das Brauhaus wandelte sich zu einer Gastwirtschaft, »Zur Stadt Nürnberg«, in der bayerische und fränkische Biere ausgeschenkt wurden. Sechzig Jahre später wurde der Baumeister (sic!) Werner Arenz auf das vom Krieg verschont gebliebene Haus aufmerksam und ließ von der Traunsteiner Hofbrauerei eine Brauerei mit einem 12-Hektoliter-Sudwerk einbauen. Die Brautradition im Pantaleonsviertel wurde 1991 mit dem »Weiss Bräu« wieder aufgenommen.

Was ist zu sehen? Schon von der Straße aus ist hinter den hohen Glasfenstern die Brauerei zu erkennen. Betritt man das Brauhaus, befindet sich linker Hand das Sudhaus, das man auch von der großen Schenke aus in aller Pracht bewundern kann. Geht man die Treppe hinab in den Keller, befinden sich rechter Hand hinter Glas die offenen Gärbottiche. Wiederum rechts hinter der Glastür sind die Gär- und Lagertanks. Gerade die offene Gärung ist für die Besucher immer wieder beeindruckend, denn der Hefe bei der »Arbeit« zuschauen zu können ist nur selten gegeben.

Gebraut werden – natürlich – ein Kölsch, ein unfiltriertes »Weiss Bräu« sowie ein dunkles Bier und helles Weizenbier.

Braustelle – Köln-Ehrenfeld

Als Kölner komme ich um dieses Thema nicht herum: In Köln-Ehrenfeld wird »Ehrenfelder Alt« gebraut. Der Braumeister, Peter Esser, ist gebürtiger Düsseldorfer. Und ich darf Ihnen sagen: Das Bier schmeckt sehr gut. Ob man dies als Akt der »Völkerverständigung« deutet oder einfach nur die Tatsache darstellt, dass Alt und Kölsch – historisch gesehen – quasi Geschwisterbiere sind, mag dahingestellt sein. Denn es gibt in der Braustelle kein Kölsch! Dafür aber die unfiltrierte Version: »Helios« – vergleichbar dem Hellers Wiess.

1883 begann die Helios AG in Ehrenfeld ihre Tätigkeit. Sie baute Elektrizitätswerke, Straßenbahnen, die 100 Kilometer lange Beleuchtung des Nord-Ostsee-Kanals und die bis heute aktiven Leuchttürme von Borkum, Wangerooge, Roter Sand in der Wesermündung und Kampen auf Sylt. Daher resultiert auch der Leuchtturm

Kölns kleinste Brauerei: die Braustelle.

Ehrenfelder Alt, gebraut in Köln.

auf dem Flaschenetikett der 0,5-Liter-Bügelverschlussflasche.

1895 wurde das Haus gebaut, in dem seit Dezember 2001 gebraut wird. Von Anfang an gab es hier eine Gastronomie mit Schankwirtschaft. Erfreulicherweise hatte Peter Esser bezüglich der Genehmigung seiner Brauerei keine Probleme mit dem Ordnungsamt. Die Abluft während des Maischens und Würzekochens geht durch einen hohen Schornstein, sodass es jeder in Ehrenfeld riechen kann: Hier wird endlich wieder gebraut! Denn die ehemalige Ehrenfelder Brauerei Sester verlor sich

1992 im Konzern Brau und Brunnen, der heutigen Radeberger Gruppe.

Von außen sieht die Braustelle aus wie eine ganz normale Eckkneipe. Innen jedoch befinden sich auf 100 Quadratmetern der Kneipenbereich mit Tresen, das Restaurant und die Brauerei in freundlicher Harmonie – minimalistischer geht es kaum. Neben dem leckeren Essen kann man die Biere des Hauses probieren oder einfach nur am Tresen seinen Gedanken nachhängen, welches Bier als Nächstes verköstigt wird. Und wenn morgens zur Venloer Straße hin das Fenster geöffnet

Helios	alc. 4,8 % vol.; 11,8 % Stammwürze; obergärig; unfiltriert
Ehrenfelder Alt	alc. 4,8 % vol.; 11,8 % Stammwürze; obergärig; unfiltriert
Helios Weizen	alc. 5,3 % vol.; ca. 13 % Stammwürze; obergärig; unfiltriert
Spezialbiere:	
Pink Panther	alc. 5,8 % vol.; 14 % Stammwürze; obergärig; unfiltriert; in der Champagnerflasche zum zweiten Mal vergoren und gereift
Schwarze Sieben	alc. 7,8 % vol.; 18 % Stammwürze; obergärig; unfiltriert; in der Champagnerflasche zum zweiten Mal vergoren und gereift
Helios Tripelbock	alc. 9,5 % vol.; 22 % Stammwürze; obergärig; unfiltriert; in der Champagnerflasche zum zweiten Mal vergoren und gereift

ist, kann man dem Braumeister bei seiner Arbeit zuschauen.

Peter Esser, Diplom-Braumeister in der »kleinsten Brauerei mit der größten Biervielfalt«, braut einmal in der Woche je einen Sud. 60 Prozent des Ausstoßes sind »Helios«. Die restlichen 40 Prozent verteilen sich auf »Ehrenfelder Alt«, »Helios Weizen« und die monatlich wechselnden Saison- und Spezialbiere – Letztere mit zunehmender Tendenz, denn sie sind gefragte Exportbiere nach Belgien, Italien und England.

Nicht alle Biere, die in der Braustelle gebraut werden, entsprechen dem Deutschen Reinheitsgebot. Peter Esser würzt beispielsweise mit Hibiskusblüten, Rosenblüten, Wacholder, Rosmarin, Honig und Chili. Natürlich verwendet er auch unterschiedliche Malze, so das in rheinischen Gefilden selten verbraute Rauchmalz, das eher beim Brauen fränkischer Biere benutzt wird. Alle Stoffe sind natürlich; chemische Zusätze werden nicht benutzt. Und auch Peter Essers Kollegen vom Stammtisch der Kölner Brauereibetriebsleiter, die sich regelmäßig auch in der Braustelle treffen, rümpfen die Nase nicht, dass das Reinheitsgebot großzügig ausgelegt wird.

Denn Peter Esser genießt die große Freiheit einer kleinen Brauerei. Zum einen kann er kleine Sude brauen und ist deshalb flexibel, zum anderen ist er keiner übergeordneten Instanz, sprich Brauereibesitzer oder Aktionären verpflichtet. Und wo es keine Grenzen gibt, ist Kreativität die Folge.

Zahlen & Fakten:
Ausschlagwürze pro Sud:
10 Hektoliter
Ausschlagmenge pro Jahr:
500 Hektoliter
Absatzgebiet: Köln-Ehrenfeld, durch Internetverkauf europaweit

Infos rund um die Brauerei:
Braustelle, Christianstraße 2/
Ecke Venloer Straße, 50825 Köln
Tel. 0221/285 69 32
brauarbeiter@braustelle.com
www.braustelle.com

Eigentümer: Peter Esser
Gründungsjahr: 2001

Öffnungszeiten: täglich 18–1 Uhr

Brauereibesichtigungen:
nach Absprache, Informationen im Internet
Brauereishop online: www.brauzwerg.de, www.bierkompass.de
Bier kaufen vor Ort: während der Öffnungszeiten der Braustelle, Getränkehändler in Ehrenfeld

Ausflugsziele & Aktivitäten:
- Nach einem schönen Tag in Kölns Innenstadt mit dem Besuch des Doms oder der Einkaufsstraßen Schildergasse und Hohe Straße erreicht man die Braustelle mit den U-Bahn-Linien 3 und 4, Haltestelle Leyendeckerstraße.

Leuchtturm der
ehemaligen
Helios AG, Köln-
Ehrenfeld.

So auch die weiteren Pläne: Er möchte zusammen mit Sebastian Sauer von »Bierkompass.de« das alte »Lichtenhainer Bier« wieder aufleben lassen. Das »Lichtenhainer« war ein leichtes, helles, säuerlich schmeckendes, erfrischendes Bier. Sein besonderes Aroma erhält es durch die Verwendung von Rauchmalz. Verwandt ist es mit der Leipziger Gose, der Berliner Weiße sowie entfernt mit den belgischen Bieren Geuze und Lambic. Peter Esser nennt es in der leichten Version »Abraxass« (3,8 Volumenprozent Alkohol) , die starke Version »Abraxxxas« (6 Volumenprozent Alkohol).

Ein weiteres Verdienst des rührigen Braumeisters ist, dass er das »Festival der Bierkulturen« im Mai 2010 im Bürgerzentrum Köln-Ehrenfeld organisiert hat. Es war ein voller Erfolg! Kleinstbrauereien aus Köln, Düsseldorf, Rheinland-Pfalz, Dänemark, der Schweiz, Spanien, Belgien und Italien waren vertreten. Zwei weitere Neuheiten wurden vorgestellt: »Caulfield« mit 10,5 Volumenprozent Alkohol (benannt nach der Romanfigur von J. D. Salingers »Der Fänger im Roggen«), ein Imperial Stout mit Roggenmalz, und in Kooperation mit Alex Liberati (Revelation Cat Craft Brewing, Rom) entwickelte Peter Esser »IPA-Kölsch« mit 9 Volumenprozent Alkohol und »hopfengestopft«. Der Phantasie eines Brauers sind keine Grenzen gesetzt.

Brauerei Hintermeier – Frechen-Hücheln

Werner Hintermeier ist 75 Jahre alt und braut immer noch gemeinsam mit seinem Schwager Peter Trunz – ebenfalls Braumeister – hervorragendes Bier. Mittlerweile sind die beiden Herren in die Jahre gekommen – und mit Ihnen die Brauerei. In Frechen wird einmal die Woche ein Doppelsud produziert, da ein Gärtank die doppelte Ausschlagmenge an Würze aufnehmen kann. Bereits frühmorgens kommen die Kunden, bringen Leergut und holen sich frisches Bier

Hüchelner Urstoff Schänke.

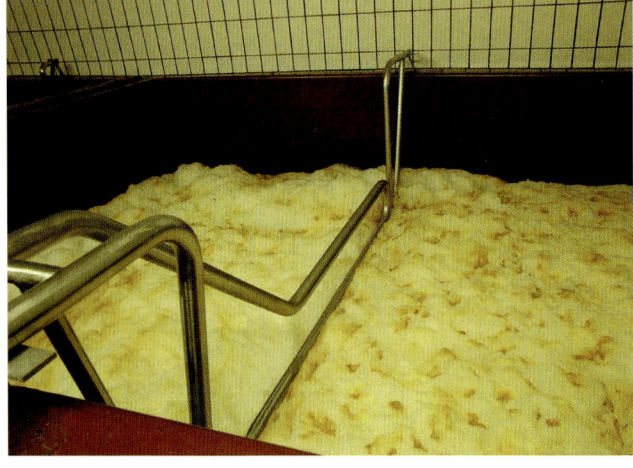

Kräusen,
Schaumbildung
auf der gären-
den Würze.

Bierverkauf
direkt an der
Brauerei.

im Kasten oder im Siphon – den legendären Hüchelner Urstoff. Der Aufwand, den
die beiden Herren betreiben, ist groß, denn
in eigener Abfüllung wird das Bier in Fässer, Flaschen mit Kronkorken, Bügelverschlussflaschen und 2- beziehungsweise
3-Liter-Siphons gefüllt.

Hugenotten waren es, die der Über-
lieferung nach bereits Mitte des 18. Jahrhunderts an dieser Stelle Bier brauten. In
den 1930er Jahren wurde die kleine Brauerei von Engelbert Metzmacher geführt.
»Stecken-Alt-Brauerei, Hücheln bei Köln,
reine Obergärung«, so kann man es auf einem alten Bierdeckel lesen. Kurz nach der
Übergabe des Betriebs an seinen Sohn
starb der alte Bierbrauer mit 83 Jahren.
Von diesem und der Erbengemeinschaft –
Engelbert Metzmacher hatte 17 Kinder –
wurde die Brauerei allerdings nicht wei-
terbetrieben. Zwischen 1937 und 1949 wurde kein Bier gebraut. Am 1. September
1949 kaufte Wenzel Hintermeier die Braue-

rei mit allem, was dazugehörte. Er stammte aus dem Vogtland, aus der weiteren
Umgebung von Pilsen, der Bierstadt überhaupt. Dort erlernte er auch die Braukunst
– eine sehr gute Adresse für einen Braumeister. Nachdem er in Dortmund und
Nürnberg sein Handwerk ausgeübt und
zahlreiche Patente auf die von ihm entwickelte Druckgärung erhalten hatte, kam
er mit seiner Familie nach Frechen und einigte sich mit der Erbengemeinschaft
Metzmacher zunächst über die Pacht und
dann über den Kauf der Gebäude und des
dazugehörigen Geländes.

Doch die vorangegangenen zwölf Jahre Stillstand forderten ihren Tribut: Die
Brauerei war veraltet und die Arbeit zunächst mühsam. Und trotzdem, zu Beginn
des Jahres 1950 wurde der erste Sud an-
gesetzt. Stecken Alt, Prior Pils, Edelmalz
und ein Bockbier wurden gebraut und ausgeschenkt. Nach und nach wurde der Betrieb modernisiert und erweitert. Wenzel

Stecken Kölsch	alc. 4,8 % vol.; 11,7 % Stammwürze; obergärig
Bartmann Kölsch	alc. 4,9 % vol.; 12 % Stammwürze; obergärig
Hüchelner Urstoff	alc. 4,9 % vol.; 11,7 % Stammwürze; obergärig; unfiltriert

Zahlen & Fakten:
Ausschlagwürze pro Sud:
68–72 Hektoliter
Ausschlagmenge pro Jahr:
6.000 Hektoliter
Absatzgebiet: Frechen, auch
Supermärkte in der Region

Infos rund um die Brauerei:
Hüchelner Brauhaus – Privat
Brauerei, Aegidiusstraße 56,
50226 Frechen
Tel. 02234/522 48
www.urstoff-schaenke.de

Eigentümer: Werner Hintermeier
Gründungsjahr: ca. 1750

**Öffnungszeiten Brauhaus und
Biergarten:** Di–So ab 17 Uhr
Tel. 02234/95 17 18
lieblingswirt@urstoff-schaenke.de
Öffnungszeiten Brauerei: Mo–Do
8–12.30 Uhr, 14–18.30 Uhr,
Fr 8–18.30 Uhr, Sa 8–15 Uhr

Brauereibesichtigungen:
nach Absprache
Bier kaufen vor Ort: 2- und 3-Liter-
Henkelflaschen-Siphons, Fassbier,
Kästen

Ausflugsziele & Aktivitäten:
· Keramikmuseum Keramion
· Wandern in der Ville

Hintermeier wurde dabei tatkräftig von seinen Söhnen unterstützt. Es konnten sogar Aufträge angenommen und für andere Brauereien im Lohnbrauverfahren Kölsch gebraut werden. Die belgische Brauerei Stella Artois orderte »Stolz Kölsch«. Andere Sorten hießen »Römer Kölsch« (nicht zu verwechseln mit dem Kölsch aus ehemals Bergheim-Thorr), »Prinzen Kölsch«, »Herzog Kölsch«. In den 1960er Jahren wurde das Stecken Alt in »Stecken Kölsch« umbenannt und Urstoff Kölsch in Hüchelner Urstoff. Und so heißen sie noch heute.

Die Brauerei schloss sich 1986 nicht der Kölsch-Konvention an, obwohl sie deren Regeln beachtet. Da Kölsch ein blankes, filtriertes Bier ist und Urstoff Kölsch trüb war, drohte die damalige Wicküler Brauerei aus Wuppertal – in Köln vertreten durch die Küppers Brauerei in Bayenthal – mit einer Konventionalstrafe von 500.000 DM. Daraufhin fand kurzerhand die Umbenennung statt.

Als drittes Bier im Bunde kam Bartmann Kölsch hinzu. Es wird in Bügelverschlussflaschen abgefüllt, was einen höheren Verkaufspreis verlangt. Deshalb wird es auch gleich stärker eingebraut, was sowohl den Alkoholgehalt als auch den Geschmack anhebt.

Privatbrauerei
Bischoff – Brühl-Vochem

Es ist nicht gerade einfach, diese kleine Brauerei zu finden. An der Landstraße zwischen Hürth und Brühl ist in einer S-Kurve das Hinweisschild recht verborgen aufgestellt. Wenn Sie es sehen, biegen Sie ab in eine Allee, die nach etwa 600 Metern am Weilerhof endet.

Dort, wo bereits die Römer siedelten und der Kartäuserorden ab dem 13. Jahrhundert ein Stift besaß, befindet sich heute mit der Bischoff Brauerei die kleinste dem Kölner Brauerei-Verband angeschlossene Brauerei.

1911 kaufte Wilhelm Bischoff das Gut, 1950 übernahm es sein Sohn Dr. Werner Bischoff und richtete in den ehemaligen Stallungen eine Kornbrennerei ein, die heute nicht mehr existiert. 1958 begannen die Planungen für die Brauerei mit einer Kapazität von 30.000 Hektoliter Ausstoß

Sudhaus im alten Weilerhof.

im Jahr. Am 19. Dezember 1961 wurde das erste Bischoff Kölsch gebraut unter dem damaligen Braumeister Rudolph. Der Braubetrieb wurde jedoch nicht lange aufrechterhalten.

Wilhelm Bischoff, der derzeitige Besitzer, hat seine landwirtschaftliche Ausbildung in Weihenstephan gemacht und leitet neben der Brauerei den familieneigenen Hof. Das ist praktisch, denn so kann er die Gerste für das Malz im eigenen Betrieb anbauen. 1996 bis 2002 wurde die Brauerei grundlegend renoviert, und seitdem wird auch wieder Bischoff Kölsch gebraut sowie das unfiltrierte Kartäuser Bräu. Geplant ist ein eigener kleiner Brauereiausschank auf dem Hofgelände. Nur an einer Stelle kann man Bischoff Kölsch direkt vom Fass trinken: in der »Margareten Klause«, An der Bleiche 2 in Brühl.

Bei einem Brauereirundgang hat man das Gefühl, die Zeit wäre stehen geblieben, denn es ist genauso, wie man sich eine ursprüngliche Brauerei vorstellt: kupferne Bottiche und Pfannen, offene Gärung, kleine Filtration und Abfüllung. An 40 bis 50 Tagen im Jahr wird gebraut. Das Sudwerk fasst 65 Hektoliter Würze, woraus sich ein Jahresausstoß von etwa 3.000 Hektoliter Bier ergibt. Mir gefällt, dass Bischoff Kölsch außer natürlich in Fässer auch in Siphons abgefüllt wird (1 Liter, 2 Liter, 3 Liter). Zwar erfordert dies einen erheblichen Aufwand an Personal und Zeit, bedeutet aber zugleich beste Bierkultur!

Bischoff Kölsch
alc. 4,9 % vol.; 11,5 % Stammwürze; obergärig
Kartäuser Bräu
alc. 4,9 % vol.; 11,5 % Stammwürze; obergärig; unfiltriert

Zahlen & Fakten:
Ausschlagwürze pro Sud:
65 Hektoliter
Ausschlagmenge pro Jahr:
ca. 3.000 Hektoliter
Absatzgebiet: Weilerhof und
Margareten Klause, Brühl

Infos rund um die Brauerei:
Privatbrauerei Bischoff, Weilerhof,
50321 Brühl
Tel. 02232/92 27 03
Fax 02232/92 27 01
info@bischoff-koelsch.de

Eigentümer: Wilhelm Bischoff
Gründungsjahr: 1961

Öffnungszeiten Brauerei:
Mo–Fr 9–12 Uhr, 16–17 Uhr,
Sa 10–11 Uhr, 16–17 Uhr

Brauereibesichtigungen:
nach Absprache
Bier kaufen vor Ort: Henkelflaschen-Siphons und Fässchen ab 5 Liter

Ausflugsziele & Aktivitäten:
- Brühl, schöner Stadtkern zum Bummeln
- Park und Schloss Augustusburg mit Falkenlust
- Max-Ernst-Museum
- Fahrradwandern

Pfaffen Brauerei – Lohmar

Warum nicht auf eine Sortenbezeichnung verzichten und das Produkt beim Namen nennen? »Bier«! – »Pfaffen Bier«, das reicht. Das Bier, das Max Päffgen in seiner Brauerei in der familieneigenen Hofanlage braut, ist ein helles obergäriges Vollbier. Es ist mild, abgerundet im Geschmack, das Bittere des Hopfens steigt langsam auf und klingt dann wieder ab. Zwar erfüllt es die Kriterien, die in der Kölsch-Konvention festgelegt sind. Da es jedoch nicht in Köln gebraut wird, darf es sich nicht Kölsch nennen. So behält das Pfaffen Bier sein eigenes Flair und braucht sich nicht unterzuordnen. »Bier«, das will es sein, nicht mehr und nicht weniger.

Seit 2001 wird in dem kleinen Weiler Klasberg gebraut. Max Päffgen stammt aus einer alten Kölner Brauerfamilie. Sein Ur-

Moderne Brauerei im Fachwerkhof über dem Sülztal.

Original Pfaffen Bier
alc. 4,9 % vol.; ca. 12 % Stammwürze; obergärig
»Pfaffen Weizen« Bier
alc. 4,7 % vol.; 12 % Stammwürze;
obergärig; unfiltriert
»Pfaffen Bock« Bier
alc. 7 % vol.; ca. 16 % Stammwürze;
obergärig

ahn war Hermann Päffgen, der 1883 in
Köln im »Rubenhaus« in der Sternengasse seine Brauerei gegründet hatte. Gelernt
hat Max Päffgen das Brauen in der Brauerei Reissdorf in Köln. Seinen Braumeister
machte er 1999 in der Münchener Brauakademie Doemens. Handwerkliches
Brauen steht bei ihm im Vordergrund.

Hübsch gestaltet sind die Flaschen,
Gläser und Bierdeckel. Mit feiner Ironie
wird dort auf die ausschließende Exklusivität der Kölsch-Konvention angespielt.
So kann man auf dem Deckel lesen:
»Jeder Dom braucht ›1‹ Pfaffen.« Die Zeich-
nung zeigt einen die Domtürme umar-
menden Pfaffen, der, auf dem Langhaus
sitzend, ein schäumendes Glas Bier in der
Hand hält.

Klein und fein stellt sich die Brauerei
dar. Sie liegt hoch über dem Sülztal. Bei
klarem Wetter kann man von hier die
Stadtsilhouette von Köln mit dem Dom
und dem Fernsehturm Colonius sehen. Zu
wünschen wären ein Brauereiausschank
und im Sommer ein Biergarten – die Lage
wäre perfekt!

Zahlen & Fakten:
Ausschlagmenge pro Sud:
15 Hektoliter
Ausschlagmenge pro Jahr:
2.000 Hektoliter
Absatzgebiet: Brauhaus in Köln,
Gaststätten und Edeka aktiv Märkte
in und um Lohmar

Infos rund um die Brauerei:
Pfaffen Brauerei Max Päffgen,
Klasberg 2, 53797 Lohmar
Tel. 02205/853 96 • Fax 02205/
89 97 88 • m.paeffgen@t-online.de •
www.max-paeffgen.de

Eigentümer: Max Päffgen
Gründungsjahr: 2001

Öffnungszeiten Brauerei:
Mo–Fr 13–19 Uhr, Sa 13–18 Uhr

Brauhaus: Ausschank Pfaffen
Brauerei Max Päffgen, Heumarkt 62,
50667 Köln
Tel. 0221/257 77 65 • Fax 0221/257
99 47 • welcome@max-paeffgen.de
Öffnungszeiten: Di–So 11–24 Uhr
Bier kaufen vor Ort: Fässchen, Bierkäs-
ten mit 0,33- und 0,5-Liter-Bügelver-
schlussflaschen

Ausflugsziele & Aktivitäten:
· Wanderwege im Bergischen Land:
www.wandern-in-lohmar.de

Hau's Brauerei – Lohmar

Das fränkische Wort »Loh« bedeutet in heutigem Deutsch »Wald«, der Begriff »Mar« steht für stehendes Gewässer, Sumpf und Moor. So hörte es Markus Hau im Sender Radio Bonn/Rhein-Sieg. Lohmar bedeutet also »Waldmoor«. Ein wunderbarer Markenname für sein Bier, dachte er sich, das er in Lohmar im Tal der Sülz braut.

Es bedarf schon einer großen Portion Mut, eine eigene kleine Brauerei zu eröffnen; und das im Nebenerwerb! Täglich kam der gelernte Braumeister Markus Hau auf dem Weg zur Arbeit an der Meigermühle vorbei. Schon immer hatte er davon geträumt, irgendwann einmal sein eigenes Bier herzustellen. Und da kam es ihm gelegen, dass neben dem Restaurant

Hau's Erlebnisbrauerei: als Ausflugsziel beliebt.

Meigermühle ein Objekt frei wurde, das sich trefflich für eine kleine Brauerei eignete. Im April 2009 begann die Planung, die Eröffnung der Hau's Brauerei erfolgte am 27. März 2010.

Hinter den großen Glasfenstern erkennt man das Zwei-Geräte-Sudwerk und die Lagertanks. Ist die Tür geöffnet, kann man bedenkenlos eintreten, sich umschauen, am Biertisch niederlassen und dem Braumeister bei seiner Arbeit zuschauen. Es gibt keinen Verzehrzwang. Aber wer lässt es sich entgehen, nicht doch noch ein »Pröbchen Waldmoor« zu genießen? Markus Hau beantwortet gern die Fragen der Gäste, und es ist natürlich möglich, die ein oder andere Flasche zu kaufen – oder einen Siphon, denn diese bauchigen 2-Liter-Glasflaschen mit großer Öffnung und Bügelverschluss sind bereits in der kurzen Zeit, in der die Brauerei existiert, Kult geworden. Ist die Brauerei geschlossen, kann man direkt nebenan im Café Restaurant Meigermühle zünftig speisen und das leckere Bier von Markus Hau genießen.

Gebraut werden zurzeit drei obergärige Biere: Waldmoor Helles, Waldmoor Dunkles und von April bis Oktober das recht hopfenbetonte Waldmoor Weizen. Geplant ist ein untergäriges Märzenbier von Oktober bis März.

Waldmoor Helles
alc. 4,8 % vol.; 11,7 % Stammwürze; obergärig; unfiltriert
Waldmoor Dunkles
alc. 4,8 % vol.; 11,7 % Stammwürze; obergärig; unfiltriert
Waldmoor Weizen
alc. 5,2 % vol.; 12,2 % Stammwürze; obergärig; unfiltriert

Zahlen & Fakten:
Ausschlagwürze pro Sud:
10 Hektoliter
Ausschlagmenge pro Jahr:
Neugründung
Absatzgebiet: Rhein-Sieg-Kreis, Linz

Infos rund um die Brauerei:
Hau's Brauerei, Meigermühle 2,
53797 Lohmar
Tel. und Fax 02246/303 82 65
kontakt@erlebnisbrauerei-lohmar.de
www.erlebnisbrauerei-lohmar.de

Eigentümer: Markus Hau
Gründungsjahr: März 2010

Öffnungszeiten Brauhaus und Biergarten: siehe www.cafe-restaurant-meigermuehle.de
Öffnungszeiten Brauerei: Mo–Do 16–20 Uhr, Fr 14–20 Uhr, Sa 9–20 Uhr

Brauereibesichtigungen:
nach Absprache
Bier kaufen vor Ort: Henkelflaschen-Siphons, 11-Flaschen-Gebinde mit 0,5-Liter-Bügelverschlussflaschen, Fässchen

Ausflugsziele & Aktivitäten:
· Wanderwege im Bergischen Land: www.wandern-in-lohmar.de

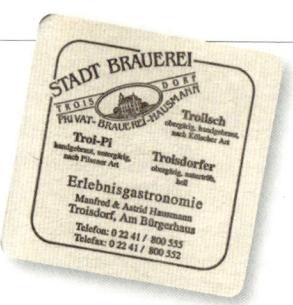

StadtBrauerei Troisdorf – Troisdorf

Es ist zu hoffen, dass diese Brauerei bei Erscheinen des Buches noch existiert, denn der Stadtrat von Troisdorf will das Restaurant im Stadthaus samt angrenzender Stadthalle abreißen, um einen Neubau zu errichten.

Die StadtBrauerei Troisdorf ist ein gutes Beispiel, wie einem trostlosen Innenstadtplatz ein Stück weit Leben verpasst werden kann. An warmen Tagen, wenn die Gäste draußen im Biergarten oder auf dem vorgelagerten Platz ihr Bier und die klassischen Brauhausgerichte genießen können, kommt in Troisdorf mediterranes Flair auf.

Manfred Hausmann ist von Haus aus Metzgermeister, Koch und Brauer – eine kulinarisch phantastische Kombination, was dem Brauhaus in der Tat zugutekommt. 1989 hatte er die Idee, eine kleine Hausbrauerei in sein Restaurant einbauen zu lassen. Die Keller unter dem Restaurant waren hoch genug, sodass sogar stehende Gär- und Lagertanks eingebaut

Nähe im Brauhaus: Stehtische an Maisch- und Läuterbottich.

Troisdorfer	alc. 4,9 % vol.; 11–12 % Stammwürze; obergärig; unfiltriert
Troilsch	alc. 4,9 % vol.; 11–12 % Stammwürze; obergärig
Troisdorfer Pils	alc. 5,1 % vol.; 12–13 % Stammwürze; untergärig

Saisonbiere:

Wies'n-Bier	alc. 6 % vol.; 14 % Stammwürze; untergärig; unfiltriert
Troisdorfer Weizen	alc. 5,1 % vol.; 12–13 % Stammwürze; obergärig; unfiltriert
Schwarzbier	alc. 5,1 % vol.; 12 % Stammwürze; obergärig; unfiltriert
Bock	keine Angaben möglich

werden konnten. Die Leitungen von den Ausschanktanks zur Zapfstelle im Brauhaus sind dementsprechend kurz. Die verantwortlichen Politiker waren von der Idee angetan und fuhren mit Manfred Hausmann die verschiedensten Hausbrauereien in Deutschland an. 1990 bekam Troisdorf eine kleine, aber feine Brauerei. Als es um den Geschmack und die Farbe des Biers ging, wurde wieder gemeinsam probiert und beratschlagt. Das »Troisdorfer« wurde geboren, bernsteinfarben und naturtrüb. Damit hob es sich vom Kölsch ab. Da jedoch der Troisdorfer auch gern das Bier aus der großen Nachbarstadt trinkt, wurde 1994 das »Trölsch« aus der Taufe gehoben. Da »Trölsch« zu sehr an »Kölsch« erinnert und die Kölner Brauer mit Argusaugen auf Verwechslungsgefahren achten, bekam Manfred Hausmann einen Strafbescheid mit einer hohen Summe zugeschickt. Flexibel reagierte er: Aus »Trölsch« wurde »Troilsch«, der geografische Bezug des Biers dadurch noch eindeutiger. Die Namen seiner Biere ließ sich Manfred Hausmann daraufhin ebenfalls schützen. Ein Jahr später wurde das erste untergärige Troisdorfer Pils gebraut. Und nach und nach folgten die Saisonbiere, die die Gäste immer wieder aufs Neue erfreuen. Sie können, wenn sie wollen, ihr Lieblingsbier auch in großen und kleinen Siphons mit nach Hause nehmen, um es dort zu genießen.

Zahlen & Fakten:
Ausschlagwürze pro Sud:
15 Hektoliter
Ausschlagmenge pro Jahr:
1.000 Hektoliter
Absatzgebiet: Brauhaus

Infos rund um die Brauerei:
StadtBrauerei Troisdorf,
Am Bürgerhaus, 53840 Troisdorf
Tel. 02241/80 05 55
Fax 02241/80 05 52
StadtBrauerei@gmx.de
www.stadtbrauerei.de

Eigentümer: Manfred Hausmann
Gründungsjahr: 1990

Öffnungszeiten Brauhaus:
täglich 11–24 Uhr, Fr, Sa bis 1 Uhr
Öffnungszeiten Biergarten:
bei schönem Wetter
Brauereibesichtigungen:
ja, max. 20 Personen
Bier kaufen vor Ort: 1- und 2-Liter-
Henkelflaschen-Siphons, Fässchen

Ausflugsziele & Aktivitäten:
- Stadtkern Troisdorf mit Hirschpark, »Erfahrungsfeld der Sinne«
- Wandern in der Wahner Heide
- Siegfähre und Fischereimuseum
- Tretbootfahren auf der Agger
- Burg Wissem mit Museum für Bilderbuchkunst und Jugendbuchillustration

Siegburger Abteibrauerei »Zum Roten Löwen« – Siegburg

»Alles Gute kommt von oben.« Wird das leckere Bier von der netten Bedienung auf den Deckel gestellt, bleibt das Auge unvermittelt an diesem aufgedruckten Spruch hängen. Ja klar, das Bier wird »von oben« auf den Deckel gestellt ...

Feuer fing Peter Palmer, Eigentümer des Brauhauses und der Brauerei, auf einer Messe. Dort sah er Mitte der 1980er Jahre eine Hausbrauerei, die von der Struktur zwar einfach war, aber gut funktionierte. Die Faszination ließ ihn nicht mehr los. Eines Tages wurde er beruflich als Unternehmensberater von einem Hausbesitzer in Siegburg um Rat gefragt. Drei Häuser in der Siegburger Holzgasse suchten einen Nutzer. Da kam die Idee, die drei

Spiegelnder Kupferglanz mitten im Brauhaus.

Häuser zusammenzufassen, um das Erdgeschoss in ein Gasthaus zu verwandeln. Als Sahnehäubchen sollte eine kleine Hausbrauerei installiert werden. Und so geschah es.

Peter Palmers Frau Edith Palmer war bereits in der Gastronomie tätig, aber brauen konnte keiner der beiden. Also wurde ein Braumeister engagiert, der Vorschläge für die neuen Biere erarbeitete. Und dann kam die Testphase: Im Keller des Wohnhauses wurde in einer selbst gebastelten Brauanlage ein Sud nach dem anderen gebraut und verköstigt, bis man sich auf ein obergäriges und ein untergäriges Bier einigte. Das war der Anfang. 1990 wurde die Brauerei eröffnet, und 2010 konnte das 20-jährige Jubiläum mit einem mittelalterlichen Fest begangen werden.

Die Brauerei liegt am Fuße des Michaelsbergs. Küche und Vorratsräume sind tief in den Berg hineingebaut. Auf dem Berg befindet sich seit 1074 ein Benediktinerkloster. Dies brachte Peter Palmer auf die zweite Idee. Kloster und Bier gehören seit alters zusammen. Warum nicht mit dem Abt in Kontakt treten und mit den Benediktinern kooperieren, zumal sich vor der Abtei eine Gastwirtschaft befindet, die Abteistuben? Der Abt und die Brüder waren begeistert. Gemeinsam entwickelten sie mit dem Braumeister ein neues Bier. Es bekam den eindeutigen Namen Michel. Und da die Brauerei die Abtei mit frischem Bier beliefert, darf sie sich Abteibrauerei nennen. Und somit bekommt der Spruch »Alles Gute kommt von oben« eine zweite Bedeutung.

Von oben kam auch eines Dezembertages der Abt den Berg hinunter in das Brauhaus. Wie in anderen Brauereien werden auch in der Siegburger Brauerei saisonal unterschiedliche Biere angeboten. Braumeister Ulrich Tröger merkte recht schnell, dass der Abt nicht gar so gut gelaunt war. Der Grund: Er beanstandete vehement das »Weihnachtsbier«. Jedoch nicht dessen Qualität, sondern die Bezeichnung. »Wie könnt ihr denn das Bier ›Weihnachtsbier‹ nennen? So weit sind wir doch noch nicht. Wir haben doch erst

Siegburger	alc 4,8 % vol.; 11,8 % Stammwürze; untergärig; unfiltriert
Michel	alc 4,8 % vol.; 11,8 % Stammwürze; obergärig; unfiltriert
Saisonbiere:	
Frühlingsbier	alc 5,4 % vol.; 12,8 % Stammwürze; obergärig; unfiltriert
Maibock	alc. 7,1 % vol.; 17,6 % Stammwürze; untergärig; unfiltriert
Sommer-Weizen	alc. 5,3 % vol.; 12,8 % Stammwürze; obergärig; unfiltriert
Erntedankbier	alc. 5,3 % vol.; 13,7 % Stammwürze; obergärig; unfiltriert
Adventsbier	alc. 5,9–6,1 % vol.; 15,5 % Stammwürze; obergärig; unfiltriert
Schwarzbier	alc. 5,3 % vol.; 13,5 % Stammwürze; obergärig; unfiltriert

Brauhaus in der Siegburger Fußgängerzone.

Zahlen & Fakten:
Ausschlagwürze pro Sud:
10 Hektoliter
Ausschlagmenge pro Jahr:
1.000 Hektoliter
Absatzgebiet: Brauhaus und
Abteistuben Michaelsberg

Infos rund um die Brauerei:
Siegburger Abteibrauerei, Holzgasse 37–39, 52721 Siegburg
Tel. 02241/559 99
Fax 02241/559 97
service@siegburger-brauhaus.de
www.siegburger-brauhaus.de

Eigentümer: SieGast GmbH,
Edith Palmer
Gründungsjahr: 1990

Öffnungszeiten Brauhaus:
So–Do 12–24 Uhr, Fr 12–1 Uhr,
Sa 11–1 Uhr
Brauereibesichtigungen: nach Vorbe-
stellung und Tischreservierung
Bier kaufen vor Ort: 1-, 2- und 3-Liter-
Henkelflaschen-Siphons, Literfla-
schen, Fässchen nach Vorbestellung

Ausflugsziele & Aktivitäten:
- Benediktinerabtei Michaelsberg
- St. Servatius, Töpferei am Kirchplatz
- Stadtmuseum mit Schnellen
- Stadtbummel

Advent!!!« Recht hatte der Abt. So änderte man flugs den Namen. Aus »Weihnachtsbier« wurde »Adventsbier«, und der
Frieden war wiederhergestellt.

Eine andere Schwierigkeit kam nicht
von oben, sondern von Süden. Die Münchener Oktoberfestbrauereien schickten
einen Strafbescheid mit sofortiger Wir-
kung nach Siegburg. Der Grund: Das saisonal ausgeschenkte Siegburger »Oktoberfestbier« darf sich so nicht nennen,
da das Wort »Oktoberfestbier« eine geschützte Bezeichnung ist. Auch hier wurde flexibel reagiert: »›Erntedankbier« war
der neue Name desselben Biers.

Exklusiv zum Kölner Bierfestival im Mai
2010 braute Braumeister Ulrich Tröger ein
»Festbier« der besonderen Art. »Mono-
lith« nannte er es – mit 8,9 Volumenprozent Alkohol, durch »Hopfenstopfen«
extrem stark gehopft und extrem lang in
Holzfässern gelagert.

Bönnsch – Bonn

Was ist das Schönste, das man einem Biertrinker aus dem Beethoven-Haus in Bonn als Andenken mitbringen kann? Das Bönnsch-Glas, von Luigi Colani designt, mit der Abbildung von Ludwig van Beethoven in Gold. Bonn – Beethoven – Bönnsch.

Dabei liegt die Wurzel der kleinen Brauerei in der Innenstadt an der Sterntorbrücke 4 nicht in Bonn, sondern in einem kleinen Ort nördlich der Bundesstadt,

in Hersel. Dort produzierte die »Sieg-Rheinische Germania Brauerei« bis 1990 immerhin 200.000 Hektoliter Germania Kölsch. Im Zuge der Konzentration und Übernahme von Brauereien verlor sie ihre Unabhängigkeit an den Konzern Brau und Brunnen in Dortmund. Die Produktion wurde nach Bonn zur Kurfürsten Brauerei verlegt, die Braustätte geschlossen. Nach der Schließung der Kurfürsten Brauerei wurde Germania Kölsch in Köln-

Jeder Sud wird dokumentiert.

Alte Schrotmühle und Pittermännchen.

Bönnsch
alc. 4,7 % vol.; 11,5 % Stammwürze;
obergärig; unfiltriert
Klar
alc. 4,7 % vol.; 11,5 % Stammwürze;
obergärig
Weizen
alc. 5,3–5,9 % vol.; 12,5–13,5 %
Stammwürze; obergärig; unfiltriert

Zahlen & Fakten:
Ausschlagwürze pro Sud:
7,2 Hektoliter
Ausschlagmenge pro Jahr:
1.200–1.400 Hektoliter
Absatzgebiet: Brauhaus

Infos rund um die Brauerei:
Bönnsch, Sterntorbrücke 4,
53113 Bonn
Tel. 0228/65 06 10
Fax 0228/65 89 64
info@boennsch.de
www.boennsch.de

Eigentümer: Kurt Klein, Harald Voit
Gründungsjahr: Juli 1985

Öffnungszeiten Brauhaus:
täglich 11–1 Uhr

Brauereibesichtigungen: ja
Bier kaufen vor Ort: 1- und
2-Liter-Henkelflaschen-Siphons,
5-Liter-Dosen, Fässchen

Ausflugsziele & Aktivitäten:
- www.boennsch.de/das-brau-
  haus/sehenswürdigkeiten-rund-
  ums-bönnsch/sehenswürdigkei-
  ten-rund-ums-bönnsch

Mülheim von der Gilden Brauerei – heute Haus Kölscher Brautradition – gebraut und vertrieben.

Die Besitzer der Germania Brauerei hatten 1985 die Idee, eine kleine Hausbrauerei im Zentrum von Bonn zu etablieren. Da in Hersel Kölsch hergestellt wurde, sollte mit der Intention, regionale Identität zu stiften, in Bonn – natürlich – »Bönnsch« gebraut werden. Da Kölsch ein filtriertes Bier ist, wurde Bönnsch – um sich abzusetzen – naturbelassen ausgeschenkt. Kölsch wird in der Kölner Stange serviert, Bönnsch in einer speziell entwickelten Colani-Stange, eine runde Sache!

Mit der Übernahme der Brauerei in Hersel durch Brau und Brunnen fiel die Zuständigkeit für Bönnsch – und damit auch für das Bonner Brauhaus – zunächst an die konzerneigene Kurfürsten Brauerei, später an die Radeberger Gruppe. Mehrere Pächter übernahmen das Objekt an der Sterntorbrücke. Die beiden letzten waren Kurt Klein und Harald Voit. Sie machten Bönnsch unabhängig, kauften vor acht Jahren das Brauhaus und die Marke Bönnsch und ließen sich die Colani-Stange als Gebrauchsmuster schützen. Etwas Besseres konnte diesem sympathischen Brauhaus und der Brauerei nicht passieren.

Übrigens: Einen Ausschnitt aus der Bewertung eines Bönnsch-Glases nach DIN EN ISO 9241 von Peter Hunkirchen konnte man bis vor Kurzem auf der Internetseite www.boennsch.de finden:

»... der Aufwand zum Biertrinken ist sehr gering, denn das Bönnsch-Glas ist aufgabenangemessen, weil es auch komplett gefüllt mit einer Hand leicht hochgehoben und zum Mund geführt werden kann. Durch die Einbuchtung für die Finger ist die Handhabung sehr selbstbeschreibungsfähig – man könnte sogar sagen lernförderlich – und vor allen Dingen fehlertolerant, weil es durch die erhöhte Griffigkeit den fortgeschrittenen Biertrinker davor bewahrt, das Bönnsch-Glas fallen zu lassen. Das Bönnsch-Glas ist also ein effizientes Werkzeug zum Biertrinken ...«

Im Oktober 2010 wurden »25 Jahre Bönnsch« gefeiert. Die Deutsche Post druckte als Geschenk einen passenden limitierten Briefumschlag mit Kussmund-Logo und als »Briefmarke« ein geflügeltes Bönnsch-Glas.

Was dem Kölner sein Kölsch, ist dem Bonner sein Bönnsch.

Ennert-Bräu – Bonn

I m Grünen, direkt am Waldrand des Naturparks Siebengebirge, liegt das Brauhaus Am Ennert. Sein Name leitet sich von dem benachbarten Höhenzug ab, der mit seinen Wegen zum gemütlichen Spaziergang oder zur strammen Wanderung einlädt.

Seit 1997 braut hier Uwe Lorbetzki sein Bier, obergärig, unfiltriert, lecker. Seinen Braumeister hat er an der Fachakademie Doemens gemacht, bevor er die elterliche Gaststätte übernahm und ausbaute. Seine Großmutter und seine Eltern betrieben an dieser Stelle bereits die Gartenwirtschaft »Ennert Klause«.

Die Brauerei ist nach seinen Vorgaben von der italienischen Firma Velo gebaut worden. Läuterbottich und Sudwerk sind harmonisch links und rechts in die Theke integriert. Das ist eine sehr praktische Lösung. Die Gär- und Lagertanks befinden sich direkt darunter im Keller, sodass die

Zapfstelle zwischen Läuterbottich und Sudpfanne.

Ennert Bräu
alc. 4,8 % vol.; 11,5 % Stammwürze;
obergärig; unfiltriert
Beethoven Schwarzbier 1770
alc. 5,5 % vol.; 12,2 % Stammwürze;
obergärig; unfiltriert
Ennert Weizen
alc. 4,9 % vol.; 11,6 % Stammwürze;
obergärig; unfiltriert

Zahlen & Fakten:
Ausschlagwürze pro Sud:
5 Hektoliter
Ausschlagmenge pro Jahr: k. A.
Absatzgebiet: Brauhaus, Ennertbad,
Ausschankwagen

Infos rund um die Brauerei:
Ennert Bräu, An den Hecken 1,
53229 Bonn-Beuel-Pützchen
Tel. 0228/43 17 84 • Fax 0228/948 05
56 • kontakt@brauhausamennert.de
www.wirbrauenbier.de

Eigentümer: Uwe Lorbetzki
Gründungsjahr: 1997

Öffnungszeiten Brauhaus: April–September Mo–Fr ab 16.30 Uhr, Sa ab
15 Uhr, So, feiertags ab 12 Uhr
Oktober bis März Di–Fr ab 17.30 Uhr,
Sa ab 15 Uhr, So, feiertags ab 12 Uhr
Öffnungszeiten Biergarten:
bei schönem Wetter

Brauereibesichtigungen:
nach Absprache
Bier kaufen vor Ort: 0,5- und 1-Liter-Bügelverschlussflasche, 5-Liter-Dose, 10-Liter-Pittermännchen

Ausflugsziele & Aktivitäten:
- Museumsmeile Bonn
- Beethoven-Haus
- Naturpark Siebengebirge

Leitungswege überaus kurz sind. Heute würde er allerdings etwas anders bauen, sodass das Sudwerk offen sichtbar ist. Denn er wird oftmals darauf angesprochen, ob in seinem Brauhaus wirklich gebraut wird.

Ein »neues« Bier zu kreieren ist nicht unbedingt einfach. Uwe Lorbetzki braute im ersten Jahr ein stärker gehopftes Bier, als es in der Umgebung von Bonn üblich war. Anscheinend zu hopfenbetont. Das merkte er an der Reaktion seiner Gäste. Also veränderte er die Rezeptur, und seitdem sind alle zufrieden.

Seit 2008 ist das Beethoven Schwarzbier als zweites ständiges Bier im Brauhaus Am Ennert im Angebot. Ludwig van Beethoven, der große Sohn der Stadt Bonn, ist der Namensgeber. Uwe Lorbetzki – ebenfalls in Bonn geboren – kam bereits 1999 gemeinsam mit einem Freund bei einem Bierchen auf die Idee, ein Bier nach dem Komponisten zu benennen. Er war auf der Suche nach einem Produktnamen, der überregional genutzt werden kann und trotzdem den Herstellungsort zu erkennen gibt. »Ludwig van Beethoven« und »Beethoven Bräu« hat er sich namensrechtlich für Getränke schützen lassen. Er meint: »Jahrzehntelang ist die Musik, die in der Luft liegt, nicht in ein Getränk transportiert worden.« Das Beethoven Schwarzbier trinkt man aus 0,3-Liter-Stangen: 21 Zentimeter hoch, 5,1 Zentimeter Durchmesser innen und der Füllstrich 3,2 Zentimeter unter dem Glasrand.

Saisonbiere sind neben dem Ennert Weizen der Beethoven Maibock und das Beethoven Weihnachtsbier.

Ledderköpp – Königs-
winter-Heisterbacherrott

» Hesprott – Et Dörp von de Leddeköpp« – Das aus Basaltsäulen
errichtete Denkmal an der Niko-
lauskapelle am Ortseingang von Heisterbacherrott erinnert an die Arbeiter, die in
den Steinbrüchen des Siebengebirges ihre schwere Arbeit verrichteten. Sie trugen
Schutzkleidung aus Leder über Kopf und
Schultern. Heute identifizieren sich die Einwohner des Ortes mit ihrem Spitznamen:
»Leddeköpp – Lederköpfe«.

Diese Tradition greifen die beiden
Junggastronomen Michael Buchholz und
Andreas Bues mit dem Namen für ihre Res-
tauration auf: »Leddeköpp, Brauhaus und
Weinbar«. Beide stammen aus dem Siebengebirge, beide sind gelernte und er-
fahrene Köche, und gemeinsam haben sie
ein Studium an der Wirtschaftsschule für
Hotellerie und Gastronomie in Dortmund
absolviert. Dies ist eine gute Basis, um
sich selbstständig zu machen.

Brauhaus und Weinbar, eine gelungene Kombination.

Auf der Suche nach einem geeigneten Objekt erfuhren sie von einer ehemaligen Kneipe in Heisterbacherrott – das »Siebengebirgsbräu« –, zu der auch eine Mikrobrauerei gehörte. Das war der Start. Die Renovierung war ein hartes Stück Arbeit.

Da sie beide keine Ahnung vom Bierbrauen hatten, holten sie sich Rat und Hilfe bei einem befreundeten Brauer. An den Eröffnungstagen am 18. und 20. Oktober 2010 wurde das neue »Siebengebirgsbräu« von den Gästen begeistert aufgenommen. Für die »normalen« Biertrinker ungewohnt ist das unfiltrierte Bier und dass – gerade am Anfang – jeder Sud ein wenig anders schmecken kann.

Das Konzept von Michael Buchholz und Andreas Bues ist eine gute regionale Küche »ohne Firlefanz«, gekocht aus vorwiegend heimischen Produkten. Dies gilt auch für den Wein. So wachsen die Trauben für den angebotenen Wein nur wenige Kilometer entfernt in Oberdollendorf. Das Leddeköpp ist eine Schnittstelle zwischen dem Mittelrheintal mit seinen Weinanbaugebieten sowie der Kölner Bucht und dem Niederrhein als Bierland. Dies drückt das Logo sehr schön aus: Die Gabel steht für gutes Essen, der Hammer erinnert an die Leddeköpp, Hopfendolden und Weinrebe sind die Rohstoffe für Bier und Wein.

Ein feiner Gag: In der Küche ist eine Kamera installiert mit Ausrichtung auf die Anrichte. Auf zwei großen Bildschirmen im Brauhaus können die hungrigen Gäste so verfolgen, wann ihr Essen serviert wird.

Siebengebirgsbräu hell
alc. 4,4 % vol.; 12,8 % Stammwürze; obergärig; unfiltriert

Zahlen & Fakten:
Ausschlagwürze pro Sud: 150 Liter
Ausschlagmenge pro Jahr: Neugründung
Absatzgebiet: Brauhaus

Infos rund um die Brauerei:
Leddeköpp Brauhaus und Weinbar,
Dollendorfer Straße 384,
53639 Königswinter
Tel. 02244/900 01 50
Fax 02244/900 15 15
info@brauhaus-leddekoepp.de
www.brauhaus-leddekoepp.de

Eigentümer: Michael Buchholz, Alexander Bues
Gründungsjahr: Oktober 2010

Öffnungszeiten Brauhaus:
täglich 18–24 Uhr
Öffnungszeiten Biergarten:
bei schönem Wetter

Brauereibesichtigungen:
»Seminare« Brauen und Kochen
Bier kaufen vor Ort: in Planung

Ausflugsziele & Aktivitäten:
- Naturpark Siebengebirge
- Klosterruine Heisterbach

WESTLICH VON KÖLN UND BONN

4

Brauhaus AC – Aachen

Lothringer Straße 112: Printenbä-
ckerei, Bodega, Brauhaus – ein Ge-
nussdreieck der besonderen Güte.
Hier eröffnete im Mai 2009 Elmar Ortmanns zusammen mit seiner Frau eine
kleine Brauerei. Beide in Aachen geboren
und mit der Stadt verbunden, haben sie
der Stadt nach 20 Jahren »Abstinenz« ein
eigenes Bier und ein sehr eigenes Brauhaus gegeben.

Schon beim Betreten werden alle Er-
wartungen, die man an ein klassisches
Brauhaus hat, über den Haufen geworfen.
Das Brauhaus AC vermittelt das Flair einer
»Bierothek«: helle Wände, hohe Decke,
offener Blick in zwei Etagen mit kleinen
Theken. Fast wirkt es karg, zurückgenom-
men, geschmackvoll. In massiven hand-
gefertigten Regalen werden auf beiden
Seiten Biere in Flaschen und die dazu passenden Gläser angeboten. Links die Produkte des Brauhauses AC, rechts findet
der erstaunte Gast belgische und nieder-
ländische Biere kleiner feiner Brauereien.

Modernes Ambiente im Brauhaus AC.

In der Euregio Aachen schaut man über die Grenze.

Der Clou des Brauhauses: Eine Zugbrücke führt in das obere Halbgeschoss, eine normale Treppe in das untere. Eine geniale Lösung, denn zwei schmale Treppen ermöglichen es nicht, Malz, Fässer und andere sperrige Güter in das untere Geschoss zu transportieren. Wird die Brücke nach oben gezogen, ist das überhaupt kein Problem.

Hinter der unteren Theke befindet sich die kleine Brauerei. Alle Gerätschaften stehen flexibel auf Rollwagen; das gilt auch für die Gär- und Lagertanks im Kühlhaus. Will Elmar Ortmanns seine Brauerei vergrößern, wird dies kein Problem sein. An der Wand vor der Theke sind klappbare Stehtische angebracht. Eine Anspielung an die Tradition der alten klassischen Brauhäuser, wo »en d'r Pootz« – in der Durchfahrt von der Straße zur Brauerei – jedermann sein Bier im Stehen trinken konnte.

Folgt man der Zugbrücke in die obere Etage, erreicht man den zweiten Schankraum. In die Wand hinter der Theke ist die Abfüllanlage für die Bügelverschlussflaschen und die 2-Liter-Siphons integriert.

Gebraut wird ein obergäriges, naturtrübes Frankenberger, serviert ausschließlich in einer 0,25-Liter-Stange: der »Frankenberger Viertel«-Stange, benannt nach dem Aachener Stadtviertel, in dem sich das Brauhaus AC befindet. Wie sehr sich die Ortmanns als Aachener fühlen, zeigt das Emblem an den Halsbanderolen. Es zeigt stilisiert den Aachener Dom – genau hingeschaut, ist es die Buchstabenkombination AACHEN, die kunstvoll den Dom zeichnet.

Das naturtrübe, untergärige Öcher Klenkes ist eine Reminiszenz an einen Uraachener Gruß mit dem emporgehobenen kleinen Finger der rechten Hand. Mit diesem kleinen Finger wurden früher in den Nadelfabriken die Nadeln geprüft und sortiert, meist von Frauen mit kleinen Händen oder Kindern. Die Klenkesgruppe, ein Denkmal des Aachener Bildhauers Hubert Löneke, ziert das Label der Flasche.

Als drittes Bier gibt es im »Öcher Bahkauv«. Im Brauhaus AC begegnete mir das Bahkauv bewusst zum ersten Mal. Allerdings nur im Namen des dunklen kräftigen Bockbiers und als Abbildung auf dem Label für die Flaschen.

Das Bahkauv, das Bachkalb, ist eine sagenumwobene Gestalt. Als nachtaktives Geschöpf lauerte es den mehr oder weniger betrunkenen Zechern auf, die nach dem Brauhausbesuch nach Hause oder in eine andere Lokalität gehen wollten. Es sprang ihnen auf den Rücken und ließ nicht wieder los. Fing der Betroffene

Frankenberger	alc. 4,9 % vol.; 11,9 % Stammwürze; obergärig; unfiltriert
Öcher Klenkes	alc. 4,8 % vol.; 11,9 % Stammwürze; untergärig; unfiltriert
Öcher Bahkauv	alc. 6,1 % vol.; 16,2 % Stammwürze; untergärig; unfiltriert
Weizen	alc. 5,2 % vol.; 12,8 % Stammwürze; obergärig; unfiltriert

Gründerzeitfassade im Frankenberger-viertel – Bäckerei, Bodega, Brauerei in einem Haus.

Zahlen & Fakten:
Ausschlagwürze pro Sud:
130 Liter
Ausschlagmenge pro Jahr:
Neugründung
Absatzgebiet: Brauhaus

Infos rund um die Brauerei:
Brauhaus AC, Lothringer Straße 112,
52070 Aachen
Tel. 0241/95 49 83 61
e_ortmanns@web.de

Eigentümer: Elmar Ortmanns
Gründungsjahr: Mai 2009

Öffnungszeiten Brauhaus:
Do, Fr 17–20 Uhr, Sa 14–18 Uhr

Brauereibesichtigungen: in Planung
Brauereishop: ja
Bier kaufen vor Ort:
2-Liter-Henkelflaschen-Siphons,
0,5-Liter-Bügelverschlussflasche,
Fässchen

Ausflugsziele & Aktivitäten:
- Bummel durch die Aachener Innenstadt
- Aachener Dom
- Bahkauv-Brunnen am Büchel

an zu lamentieren und zu klagen, wurde es schwerer. Umgekehrt soll es durch kräftiges Fluchen und Sträuben leichter geworden sein. Aber da erzählen die Legenden unterschiedliche Dinge.

Auf der herrlichen Stadtführung »Bier – Boutaki – Bundesliga. Kneipenkultur im Wandel« von »Stadtbekannt Aachen« sah ich es dann erneut. Ein Brunnen in der Altstadt ist dem Bahkauv gewidmet, auf einem kleinen Platz am Büchel. Dargestellt ist das Bahkauv, ein grauenhaftes Geschöpf mit riesigen Pranken und Reißzähnen, aus dessen Schwanz sich das Wasser ergießt. Genau hier, im historischen Quellbereich von Aachen, schlief es tagsüber in unterirdischen schwefelstinkenden Katakomben. Frauen und Kinder haben es übrigens nie gesehen. Männer nur gespürt. Und wenn ich mir den Brunnen betrachte, habe ich eine Ahnung, dass es vielleicht das Bahkauv gewesen sein könnte, das mir schon einige Male aufgelauert und den Kater am nächsten Morgen verursacht hat.

Brauerei und Brennerei Jacob Rainer & Sohn – Linnich-Welz

Durch diese hohle Gasse muss er kommen.« Fährt man von Linnich-Rurdorf in Richtung Welz wird die Straße sehr schmal, und die Landschaft wird hügelig. Die »Welzer Alpen«, so sagt Berthold Rainer, »sind ein wunderbares Wandergebiet.« Sein Tipp: Von Welz nach Merzenhausen, Barmen, zum Wasserschloss Kellenberg – das einmal im Besitz des berühmten Reitergenerals Jan von

Werth war. Entlang dem »Mühlenteich« und der Rur geht es weiter über Rurdorf nach Welz. 8,5 Kilometer Natur pur: Wild, Vögel, Pflanzen. Und danach ein vollmundiges, sehr lang gereiftes Lambertus Pils mit einem Gläschen Rainer Steinkorn.

Lange gereift sind alle Biere, die in Welz gebraut werden, das ist eine ihrer Stärken. Das Lambertus Pils zum Beispiel reift nach neuntägiger Hauptgärung drei

Hier kann man zünftig Brotzeit halten!

Brauerei und Brennerei unter einem Dach.

Monate lang bei Temperaturen um null Grad Celsius. Das ist kein Problem, da der Gefrierpunkt von Bier bei minus 2,4 Grad Celsius liegt. Die lange Lagerung kommt dem Geschmack zugute! In der Ruhe liegt die Kraft.

Um die Verbundenheit der Brauerei und Brennerei mit dem Ort und der Kirche zu dokumentieren, tragen die Biere der Familie Rainer den Namen Lambertus. Der heilige Lambertus, so heißt es, soll die Pfarre in Welz 739 gegründet haben. »Seit 1828 wird in Welz Bier gebraut. Im Besitz der Familie Rainer ist die Welzer Brauerei & Brennerei seit 1906. Die aus Niederbayern stammenden Braumeistergebrüder Joseph, Johannes und Jacob Rainer kauften den Betrieb für 20.000 Goldmark und vier Tagwerk Holz. Ihre erste Blütezeit erlebte die Welzer Brauerei & Brennerei

Lambertus Pils	alc. 4,8 % vol.; 11,8 % Stammwürze; untergärig
Lambertus Zwickel hell	alc. 4,8 % vol.; 11,8 % Stammwürze; untergärig; unfiltriert
Saisonbiere:	
Lambertus Schwarzbier	alc. 4,8 % vol.; 11,8 % Stammwürze; untergärig
Lambertus Zwickel dunkel	alc. 4,8 % vol.; 11,8 % Stammwürze; untergärig
Lambertus Maibock	alc. 6,4 % vol.; 16,5 % Stammwürze; untergärig
Lambertus Weihnachtsbock	alc. 6,4 % vol.; 16,5 % Stammwürze; untergärig

vor dem Zweiten Weltkrieg. (...) Bis auf die Straßenfront zerstört wurde (...) die Welzer Brauerei & Brennerei. Unter größten Mühen und mit Unterstützung des ganzen Ortes bauten Jacob Rainer und seine Frau Margarethe, die Eltern des heutigen Inhabers Berthold Rainer, die Welzer Brauerei & Brennerei nach 1945 zum heutigen florierenden Unternehmen wieder auf.« So beschreibt es das informative Faltblatt der kleinen Privatbrauerei.

Wert legt Berthold Rainer auf Regionalität. So wird die Gerste für das von ihm verwendete Malz in der »weitläufigen Feldlandschaft des Naturgebietes der Nordeifel« angebaut. Der Weizen für die Destillation der verschiedenen Brände und Spirituosen stammt von den eigenen Feldern rund um Welz.

Ist das »Braustüb'l«, der hauseigene Brauereiausschank, geschlossen, steht das Hoftor zur Kreisstraße, der Hauptstraße von Welz, offen. Dann baut der Brauherr eine Theke auf, ein Fass Lambertus Pils wird an die Zapfanlage angeschlossen. Kommen Wanderer oder Radfahrer vorbei, können sie sich selbst ihr Bier zapfen, die mitgebrachte Brotzeit auspacken und beides im gemütlichen Innenhof genießen. So finden wir hier die gute bayerische Biergartentradition, die Berthold Rainer von seinen Vorfahren geerbt hat.

Zahlen & Fakten:
Ausschlagwürze pro Sud:
50 Hektoliter
Ausschlagmenge pro Jahr:
2.000 Hektoliter
Absatzgebiet: Brauhaus, rund um den Schornstein

Infos rund um die Brauerei:
Brauerei und Brennerei Jacob Rainer & Sohn, Kreisstraße 31–33,
52241 Linnich-Welz
Tel. 02462/64 45
Fax 02462/16 87
kontakt@brauerei-rainer.de
www.brauerei-rainer.de

Eigentümer: Familie Rainer
Gründungsjahr: 1828

Öffnungszeiten Brauhaus:
Mi–Sa 16–22 Uhr, So 9–22 Uhr

Brauereibesichtigungen:
nach Absprache
Bier kaufen vor Ort:
Henkelflaschen-Siphons,
Fässchen ab 10 Liter

Ausflugsziele & Aktivitäten:
· Deutsches Glasmalerei-Museum
· Heimatmuseum
· Fahrradtour auf dem RurUfer-Radweg

McMüller's – Linnich-Kofferen

Der Pub befindet sich im Pferdestall der Kaltblüter – die Traufe und die Befestigungsringe für die Halfter sind noch vorhanden; die Brauerei steht über dem Schweinestall, neben dem Heuboden. Times are changing. Die Müllers aus Amerika mit deutschen und irischen Wurzeln haben aus dem ehemaligen Bauernhof ein Kleinod der Gastlichkeit gemacht. Hier darf sich jeder wohlfühlen, selbst Ross, Reiter und Hund sind willkommen. Im kleinen Hotel bieten die Gastzimmer ein gemütliches Ambiente, die Pferde können im angrenzenden Stall unterkommen, der Hund findet ohne Schwierigkeit Anschluss. Die leckeren Burger im Brauhaus sind im Umkreis von mindestens 20 Kilometern Legende. Aber das ist nur die eine Seite: Urlaub auf dem Lande.

Brauen im ehemaligen Bauernhof – Tränke für Ross und Reiter.

Zwickel	alc. 5 % vol.; 13,6 % Stammwürze; obergärig; unfiltriert
Black Lion Stout	alc. 5,2 % vol.; 16,5 % Stammwürze; obergärig; unfiltriert
Weizenbock	alc. 6,2 % vol.; 15,4 % Stammwürze; obergärig; unfiltriert
Weizen	alc. 5,1 % vol.; 14,7 % Stammwürze; obergärig; unfiltriert

Die andere Seite ist das Bier. Black Lion Stout – eines der besten Stouts, die ich auf dem Kontinent getrunken habe. Vollmundig, mit leicht rauchigem Abgang, sind sie der gelungene Angriff Walter Müllers auf das irische Guiness. Seine Meinung: »Guiness, so heißt es, schmeckt erst nach dem zweiten oder dritten Glas; aber man trinkt es trotzdem immer wieder. Wenn beim ersten Mal ein McMüller's nicht

schmeckt, wird man es nie wieder trinken.«

Walter Müller, studierter Diplom-Ingenieur und Diplom-Kaufmann, ist ein Autodidakt in Sachen Brauen. Seine kleine Brauerei ließ er 2006 von der Brauakademie Kretschmer (FBtec) einrichten. Von Dr. Kretschmer wurde er auch im Brauen unterwiesen. Manche Braumeister rümpfen jetzt vielleicht die Nase, aber auch unter solchen Voraussetzungen kann man eine Hausbrauerei führen. Das kleine offene Kühlschiff kann allerdings zu Problemen führen. Seit am 7. Januar 2007 der erste Sud gekocht wurde, ist noch keiner »daneben gewesen«, wie Herr Müller beteuert. Unterschiedliche Biere werden gebraut. Standard ist das helle Landbier »Zwickel« – früher obergärig, heute untergärig – sowie das Black Lion Stout. Je nach Saison werden Weizenbier, Weizenbock, Brown Ale, Herbstweizen oder Weihnachtsbier gebraut. Auf der Liste der nächsten Biere stehen ein IPA (Indian Pale Ale) und – die Brauerei liegt quasi in der Grenzregion zu Belgien und den Niederlanden – ein Oranje Witte. An Ideen fehlt es Walter Müller nicht!

Walter Müller wurde geboren in Chicago. Seine Großeltern stammten aus Deutschland, 1926 waren sie mit der ganzen Familie in die USA ausgewandert. Eines Tages bekam er von einer Tante ein von ihr selbst geschriebenes Heftchen, in dem sie von einem »verloren gegangen

Mikrobrauerei im Dachgeschoss des alten Schweinestalls.

Zahlen & Fakten:
Ausschlagwürze pro Sud:
2,5 Hektoliter, alle 10–12 Tage
einen Sud
Ausschlagmenge pro Sud:
2,5 Hektoliter
Ausschlagmenge pro Jahr:
75 Hektoliter
Absatzgebiet: Brauhaus

Infos rund um die Brauerei:
McMüller's Privatbrauerei, Neusser
Straße 54, 52441 Linnich-Kofferen
Tel. 02462/44 57 • Fax 02462/45 93
info@mcmuellers.de
www.mcmuellers.de

Eigentümer: Walter und Jennifer
Müller
Gründungsjahr: 2007

Öffnungszeiten Brauhaus: Mo–Do
18–23 Uhr, Fr, Sa 18 Uhr–1 Uhr,
So 11–23 Uhr
Öffnungszeiten Biergarten: bei
schönem Wetter

Brauereibesichtigungen:
nach Absprache
Bier kaufen vor Ort: 2-Liter-Henkel-
flaschen-Siphons, Fässchen,
demnächst 1-Liter-Bügelverschluss-
flaschen
Tastinggläser: auf Anfrage

Ausflugziele & Aktivitäten:
· Deutsches Glasmalerei-Museum
· Heimatmuseum
· Fahrradtour auf dem RurUfer-
Radweg

Gut« im Bergischen Land berichtet. Da einige von Jennifer Müllers Ahnen ebenfalls aus Deutschland stammen – andere aus Irland –, machte sich Walter Müller auf die Suche nach seinen Wurzeln, und es begann eine abenteuerliche Geschichte. Das »verlorene Gut« hat er nicht gefunden. Jedoch fand er bei seiner Recherche heraus, dass unter seinen Vorfahren Gastwirte, Bierverkäufer und Brauer waren. Und in guter alter Tradition bündelt er dies jetzt in seiner Person. 1992 siedelte er nach Deutschland, kaufte ein Hofgut in Linnich-Kofferen, eröffnete gemeinsam mit seiner Frau den Landgasthof und 1998 »McMüller's Irish American Pub – Die Tränke für Ross und Reiter«. Als Logo übernahm er das Wappen der Familie von Jennifer Müller, eine geborene McMullan. Die Brauerei folgte 2006/2007. Und die Geschichte geht weiter, nachzulesen auf der Homepage im Internet: das Projekt in Fulda!

Stein's Brau-meisterei – Jülich

Von außen erkennt man das Haus von Carsten Steins Braumeisterei nur an dem roten, ellipsenförmigen Schild neben der Eingangstür. So unspektakulär kann der Eingang zu einer Brauerei sein. Wenn da nicht noch das Piaggio-Dreirad stehen würde, ein Mini-Pick-up, mit dem man hervorragend Bier zu Aktionen und Festen fahren kann – Werbung in Minimalform.

Im Erdgeschoss des Einfamilienhauses ist die Wohnung untergebracht, das Wohnzimmer eine Mischung aus Bar und Verkaufsraum. Familie und Beruf gehören zusammen. Wie wichtig Carsten Stein beides ist, erkennt man direkt, wenn er über seinen Beruf als Brauer spricht. Und über seinen Traum, dass sein Sohn – im Frühjahr 2010 geboren – die Brauerei später einmal übernimmt. Der Beginn einer Bier-

Sauberkeit ist das A und O beim Brauen.

Brünett
alc. 4,8 % vol.; 11,7 % Stammwürze;
untergärig; unfiltriert
Helles
alc. 4,8 % vol.; 11,7 % Stammwürze;
untergärig; unfiltriert
Bock
alc. 6,8–7 % vol.; 17,5 % Stammwürze; untergärig; unfiltriert

Zahlen & Fakten:
Ausschlagwürze pro Sud: 290 Liter
Ausschlagmenge pro Jahr: k. A.
Absatzgebiet: Kreis Düren,
Kreis Aachen

Infos rund um die Brauerei:
Stein's Braumeisterei, Adolf-Fischer-
Straße 48, 52428 Jülich
Tel. 0179/233 49 04
Fax 02461/34 29 75
info@steins-braumeisterei
www.steins-braumeisterei.de

Eigentümer: Carsten Stein
Gründungsjahr: 2008

Öffnungszeiten Brauerei:
Mi 18–20 Uhr, Sa 9–13 Uhr

Brauereibesichtigungen: nein
Bier kaufen vor Ort: Literflaschen,
5- bis 50-Liter-Fässchen auf
Vorbestellung

Ausflugsziele & Aktivitäten:
- Museum Zitadelle Jülich
- Stadtgeschichtliches Museum,
  Hexenturm

brauertradition? Seine Frau lernte er in der Bolten Brauerei kennen, als er als Braumeister in Korschenbroich arbeitete. Sie war dort für ihre Diplomarbeit zur Ökotrophologin in der Qualitätssicherung tätig.

Im Keller des Hauses befindet sich die kleine Brauerei. Die einzelnen Komponenten hat Carsten Stein aus verschiedenen Brauereien zusammengekauft. Das Sudwerk stand früher in der »Braustelle« in Köln. Hier in Jülich passt nun alles wie maßgeschneidert in die niedrigen Räume. Funktional, für den Laien mutet es ein bisschen chaotisch an. Lange Wege gibt es in der »Braumeisterei« nicht. Dieser schöne Brauereiname hat sich »ganz einfach so ergeben. Sie hätte auch ›Brauwerkstatt‹ heißen können«, erzählt Carsten Stein.

Wichtig ist die schrille Klingel. Denn das Bier wird mittwochs und samstags ab Haus verkauft. Und wenn der Braumeister im Keller bei der Arbeit in seinem Element ist, wird er durch die Klingel auf seine Kunden aufmerksam. Diese kommen oftmals mit bunten Stofftaschen, auf denen das Brauereilogo prangt. In die Taschen passen genau vier Literflaschen. Davon konnte ich mich während meines Besuchs überzeugen. »Hol mir mal ne Tasche Bier ...«, so stand es zur Eröffnung der Brauerei in den Jülicher Nachrichten. Eine wunderbare Idee. Ausgeschenkt wird das Bier bei Veranstaltungen und auf Festen in und um Jülich. Da ist die Familie Stein sehr variabel. Mit dem Dreirad und einem schnell aufzubauenden Stand sind sie sehr flexibel. Die Jülicher freuen sich, dass es endlich wieder eine eigene Brauerei mit eigenem heimischem Bier gibt.

Waldgasthaus Steinbach – Euskirchen

I m Zeichen des Fuchses. Meister Reineke ist das »Haustier« der kleinen Gasthofbrauerei an der idyllisch gelegenen Talsperre in der Voreifel. Hier ist er heimisch, und so stellt das Logo die Verbundenheit mit der Natur her, wo sich Fuchs und Hase Gute Nacht sagen. Das Fuchslogo entstand bei einem Wettbewerb der Mitarbeiter des Waldgasthauses. Jeder musste einen Fuchs malen. »Der hässlichste hat dann gewonnen.« So berichtet

Herr Wolf, der seit der Eröffnung 1994 für das Brauen der verschiedenen Biersorten zuständig ist. Aber meines Erachtens ist er gut getroffen.

Die Steinbachtalsperre entstand zwischen Februar 1934 und Dezember 1936. Wie auch die nahe gelegene Madbachtalsperre (Bauzeit 1938–1940) wurde sie auf Betreiben der Euskirchener Tuchfabrikanten geplant und errichtet. Die Wasserversorgung aus den Bächen war nicht mehr

Essen und Trinken halten Leib und Seele zusammen.

Steinbach Hell
alc. 4,8–5,1 % vol.; 11,8 % Stammwürze; obergärig; unfiltriert
Steinbach Dunkel
alc. 4,8–5,1 % vol.; 11,8 % Stammwürze; obergärig; unfiltriert
Steinbach Weizen
alc. 4,8–5,1 % vol.; 11,8 % Stammwürze; obergärig; unfiltriert

Zahlen & Fakten:
Ausschlagwürze pro Sud:
10 Hektoliter
Ausschlagmenge pro Jahr:
ca. 300 Hektoliter
Absatzgebiet: Brauhaus

Infos rund um die Brauerei:
Waldgasthaus Steinbach, Talsperren-
straße 105, 53881 Euskirchen
Tel. 02255/95 83 00
Fax 02255/94 81 57
info@waldgasthaus-steinbach.de
www.waldgasthaus-steinbach.de

Eigentümer: Manfred Bolz
Gründungsjahr: 1994

Öffnungszeiten Brauhaus:
täglich 11–23 Uhr
Öffnungszeiten Biergarten:
bei schönem Wetter

Brauereibesichtigungen: ja
Bier kaufen vor Ort: 2-Liter-Henkelfla-
schen-Siphons, Fässchen auf
Anfrage

Ausflugsziele & Aktivitäten:
- Talsperrenwanderung
- Waldfreibad
- Besichtigung der Dörfer Arloff,
  Kirchheim und Kirspenich

**Brauhausterrasse mit Blick auf
die Talsperre.**

gegeben. Von der Talsperre aus wurde daher eine 16 Kilometer lange Rohrleitung
bis nach Kuchenheim und Euskirchen verlegt. Für die Bevölkerung wurde das Wald-
schwimmbad angelegt. Es gibt Bestre-
bungen, es unter Denkmalschutz zu stellen.

Allein schon wegen der Lage lohnt es
sich, das Brauhaus zu besuchen. Spazie-
ren gehen und Wandern zu jeder Jahreszeit! Der Rundwanderweg ist etwa drei
Kilometer lang und auch für kleine Kinder
geeignet. Anschließend kann man sich
im Waldgasthaus bei Bier und leckerem
Essen stärken.

Brauhaus Rheinbach – Rheinbach

Direkt am Rand der Altstadt von Rheinbach, an einer quirligen Straßenkreuzung, befindet sich das Brauhaus in exponierter Lage. Bei schönem Wetter kann man in Ruhe auf der Terrasse bei einem leckeren Bier dem regen Treiben zuschauen. Sehen und gesehen werden – kein Problem.

Das Brauhaus vermittelt eine moderne und doch rustikale Atmosphäre: grün gestrichene Doppel-T-Träger, silberne Metallrohre der Klimaanlage, gepaart mit blank gescheuerten Tischen, beigefarbenen Wänden, die im unteren Bereich im klassischen Brauhausstil mit dunklem Holz vertäfelt sind, und alte Fachwerkbalken. Ein Mix, der zunächst verwirrt, aber in sich stimmig ist. Die kleine Brauanlage auf der Empore passt sich in das Bild ein. Erstaunlich ist, dass auf den Doppel-T-Trägern Bücher stehen, gestützt von Krügen, Flaschen und Siphons. Hier ist der rechte Platz für Lesungen – Literatur und Bier, eine gute Kombination. Die Bierseminare

Die Empore mit Büchern: ein idealer Ort für eine Krimilesung.

Zahlen & Fakten:
Ausschlagwürze pro Sud:
5,5 Hektoliter
Ausschlagmenge pro Jahr:
480–600 Hektoliter
Absatzgebiet: Brauhaus, Hit Markt
Meckenheim, Handelshof Rheinbach

Infos rund um die Brauerei:
Brauhaus Rheinbach, Wilhelmplatz 1,
53359 Rheinbach
Tel. 02226/91 38 00
Fax 02226/91 38 01
brauhaus-rheinbach@t-online.de,
www.brauhaus-rheinbach.de

Eigentümer: Familie Schemerka
Gründungsjahr: 1998

Öffnungszeiten Brauhaus:
Mo–So 11–1 Uhr
Öffnungszeiten Biergarten:
bei schönem Wetter

Brauereibesichtigungen: ja,
Bierseminare
Bier kaufen vor Ort: 2-Liter-Henkelfla-
schen-Siphons, Literflaschen, Fässchen auf Vorbestellung

Ausflugsziele & Aktivitäten:
- www.rheinbach.de/stadtinfo.html
- Glasmuseum Rheinbach
- Freizeitpark Rheinbach,
  Stadtkern, Hexenturm
- »Ganzglaspavillon«
- Kutschenmuseum

Brauhaus im Bann der Fußball-WM 2010.

finden im Hopfenstübchen statt. Hier sitzt man ruhig und kann doch das Geschehen im Brauhaus beobachten; für größere Gruppen sind sie gut geeignet.

Geführt wird das Brauhaus von Peter und Markus Schemerka, Vater und Sohn. Peter Schemerka war lange Jahre Betreiber des Brauhauses Bönnsch, damals noch unter der Regie der Kurfürsten Brauerei. Die Biergläser erinnern von der Form an die Bonner Gläser. 1998 machte er sich selbstständig und gründete sein Brauhaus in Rheinbach. Der Erfolg gibt ihm recht.

Die Gäste kommen aus dem Umland. Das Haus ist gut zu erreichen mit Bus und Bahn, sodass man ruhig mal ein Bier mehr genießen kann. Angeboten werden obergärige, naturtrübe Biere. »Hell« und »Dunkel« sind angenehm gehopft, das Weizen sehr schön süffig.

Rheinbacher Hell	alc. 5,1 % vol.; 12,3 % Stammwürze; obergärig; unfiltriert
Rheinbacher Dunkel	alc. 5,3 % vol.; 13,5 % Stammwürze; obergärig; unfiltriert
Saisonbiere:	
Rheinbacher Hefeweißbier	alc. 5,2 % vol.; 12,5 % Stammwürze; obergärig; unfiltriert
Rheinbacher Weihnachtsbier	alc. 6,5 % vol.; 16,2 % Stammwürze; obergärig; unfiltriert

Gemünder Brauerei – Schleiden-Gemünd

Fett und wuchtig wabert der Schaum in den offenen Gärbottichen. Die Gärung ist im vollen Gange, zu sehen an der Schaumbildung, der Hochkräusen. Es riecht einfach nur lecker nach Bier. Im Obergeschoss der Brauerei werden die untergärigen Biere der Gemünder Brauerei vergoren, hauptsächlich das Eifeler Landbier. Der untergärige Gärkeller ist weit entfernt vom dem obergärigen Keller. Dort vergärt das Ur-Gemünder Obergärige und das Gemünder Alt aus Sicherheitsgründen in geschlossenen Gärtanks, damit die unterschiedlichen Hefen die verschiedenen Sude nicht infizieren können. Das von außen gut einsehbare Sudhaus glänzt im Charme der 1960er Jahre. Das Kupfersudwerk bestimmt den Raum, obwohl natürlich auch hier – wie bei vielen Brauereien – das Kupfer nur den Edelstahl verdeckt.

Das zischt! Schäumende Bierfreude.

Einfahrt zur Brauerei. / Vollgutlager: Hier kann man nicht verdursten.

Warum nicht das Alte zeigen und moderne Gerätschaften benutzen?

Die Gemünder Brauerei, eine der ganz wenigen Eifelbrauereien, wurde 1960 von der Familie Scheidtweiler aus Mechernich-Wachendorf gegründet. In den 1960er Jahren waren die Kneipen, Gaststätten und Restaurants bereits an bestehende Brauereien gebunden. Von daher mussten sich die Besitzer der neuen Brauerei in Gemünd etwas einfallen lassen, damit sie auf dem Biermarkt bestehen konnten. Der Vor-Ort-Service ohne Zwischenhandel war die Lösung. Mit Lieferwagen, die die einzelnen Dörfer anfuhren, wurde das Bier, ob als Flaschenbier oder als Fassbier für die Feier, direkt zum Verbraucher gebracht. Firmengründer Dr. Matthias Scheidtweiler fuhr selbst in die einzelnen Dörfer und verbreitete per Mundpropaganda die Lieferzeiten – ein Service, der ihm mit gutem Umsatz gedankt wurde. Heute, in den Dörfern, in denen nun die Tante-Emma-Läden schließen, ist der rollende Kaufmann, Bäcker oder Metzger für die älteren Bewohner wieder wichtig geworden. Von der Gemünder Brauerei wird eine recht große Geschmackspalette an Bieren abgedeckt. Zu den ursprünglichen Sorten gesellte sich 1997 das Eifeler Landbier. Im Dezember 2008 wurde zum ersten Mal das Steinfelder Klosterbier gebraut. Nach einem »alten Rezept« der Klosterbüder wurde es für den heutigen Geschmack entwickelt.

Eifeler Landbier	alc. 5,1 % vol.; 12 % Stammwürze; untergärig; unfiltriert
Ur-Gemünder Obergärig	alc. 5,1 % vol.; 11 % Stammwürze; obergärig
Gemünder Pilsener	alc. 5,1 % vol.; 11 % Stammwürze; untergärig
Gemünder Spezial	alc. 5,3 % vol.; 12 % Stammwürze; untergärig
Gemünder Alt	alc. 5,1 % vol.; 11 % Stammwürze; obergärig
Steinfelder Klosterbier	alc. 5,1 % vol.; 11 % Stammwürze; untergärig; unfiltriert

Zahlen & Fakten:
Ausschlagwürze pro Sud:
52 Hektoliter
Ausschlagmenge pro Jahr:
20.000 Hektoliter
Absatzgebiet: Eifel, 50 Kilometer
rund um den Schornstein

Infos rund um die Brauerei:
Gemünder Brauerei, Kölner
Straße 69, 53937 Schleiden-Gemünd
Tel. 02444/27 23
Fax 02444/36 42

Eigentümer: Familie Wolfgang
Scheidtweiler
Gründungsjahr: 1960

Öffnungszeiten Brauhaus:
Gemünder M-Quadrat, Alte Schule 1,
53937 Gemünd, Di–So 9.30–24 Uhr
Öffnungszeiten Terrasse:
bei schönem Wetter
Öffnungszeiten Brauerei:
Mo–Fr 7–18 Uhr, Sa 9–12 Uhr

Brauereibesichtigungen: nein
Bier kaufen vor Ort: die ganze
Brauereipalette

Ausflugsziele & Aktivitäten:
·   Nationalpark Eifel
·   Burg Vogelsang
·   Urftseerandweg zu Fuß oder per
    Fahrrad
·   Stadtbummel in Gemünd,
    Kurpark
·   Besucherbergwerk Rehscheid
·   Schienenbusfahrten mit der
    Oleftalbahn

BERGISCHES LAND UND UMGEBUNG

5

Brauerei Morsbachtal – Wuppertal

Die Resignation, aber auch der Enthusiasmus ist deutlich zu spüren, wenn Peter Peltsarsky über seine Brauerei und ihre Geschichte spricht. Das letzte Bier wurde im August 2008 gebraut. Dann schloss die Brauerei ihre Pforten. Eigentlich wollte Peter Peltsarsky im August 2010 einen neuen Sud ansetzen. Aber er hat es leider nicht geschafft. Als studierter Industriedesigner und Maschinenbauer ist er in seinem Hauptberuf in Europa und dem Nahen Osten dauernd unterwegs. Durch die Trennung von seinem damaligen Kompagnon müsste er die Brauerei jetzt selbst betreiben. Dazu fehlen die Zeit und auch das Geld. Denn es muss wieder neu investiert werden. Und es fehlt ein zweiter

Dreibein und Feuerstelle, die Keimzelle einer Brauerei.

**Die Haltestelle
zur Brauerei.**

verlässlicher Mensch, der etwas vom Brauen versteht.

Durch sein Studium kam der gebürtige Franke nach Wuppertal. Und als Franke versteht er etwas von Bier. Das Bier der großen Brauereien schmeckte ihm nicht, und so versuchte er, die fränkische Bierkultur ins Bergische Land zu bringen. Im Morsbachtal, neben dem Gasthaus »Bärenkuhle«, fand er geeignete Räumlichkeiten für seinen Betrieb und für eine Kleinstbrauerei.

Gebraut wurde zunächst auf der grünen Wiese. Ein großer Dreibein wurde auf einen vergrößerten Grillplatz gestellt, ein selbst hergestellter Metallbottich über das offene Feuer gehängt. Alles wurde in schweißtreibender Arbeit mit der Hand gemacht. Das Bier gelang auf Anhieb. Ein bernsteinfarbenes Märzen, sanft gewürzt mit drei Gaben von feinstem Naturdoldenhopfen, sehr malzig. Wir konnten uns von dem Geschmack des Kottenbräu überzeugen. Selbst nach zwei Jahren schmeckte es noch immer gut, obwohl Peter Peltsarsky selbst leichte Alterungserscheinungen feststellte. Er hat ja noch den Urgeschmack im Gedächtnis.

Die Brauerei ist aus verschiedenen Käufen zusammengestellt. Die Reinigungs- und Abfüllanlagen für Flaschen und Fässer sind selbst entworfen und gefertigt. Hier zahlte es sich aus, dass Peter Peltsarsky Maschinenbauer und überaus penibel ist. Es gibt keinen Computer, keine Thermostate. Der Brauprozess wird wie in alten Zeiten vollzogen. Es gibt keinen Knopf, auf den man drücken kann, und der Arbeitsgang läuft von selbst ab. Peter Peltsarsky fühlt sich der händischen Kommunbrautradition verbunden. Er kennt die Wirte in der Oberpfalz persönlich. Als Geschenk für seine Brauerei bekam er von einem der Brauer acht Hersbrucker Hopfenstecklinge geschenkt, die er an der Wand der Brauerei gepflanzt hat.

Es ist zu hoffen, dass es für die Brauerei Morsbachtal eine Zukunft gibt, denn durch seinen guten Geschmack würde das Kottenbräu viele Freunde gewinnen.

Zahlen & Fakten:
Ausschlagwürze pro Sud:
ca. 10 Hektoliter

Infos rund um die Brauerei:
Brauerei Morsbachtal, Engelskotten 2, 42857 Wuppertal
Tel. 0177/589 75 96
info@brauerei-morsbachtal.de
www.brauerei-morsbachtal.de

Eigentümer: Peter Peltsarsky
Gründungsjahr: 2006

Wuppertaler Brauhaus – & Brauhaus Gummersbach

Angefangen hat die Geschichte der Brauhäuser in Gummersbach und Wuppertal mit dem Brauhaus Schillerbad in Lüdenscheid. Der Lüdenscheider Gastronom Jörg Mehl kaufte das ausgediente Schillerbad und ließ es 1994 von Grund auf sanieren und nach seinen Wünschen umbauen. Als Sahnehäubchen folgte der Einbau einer Brauerei. Erster Braumeister und an der Konzeption beteiligt war Diplom-Braumeister Andreas Linneboden, der heutige Geschäftsführende Gesellschafter des Brauhauses Gummersbach. Schon bei der Planung wurde die heimische Presse immer auf dem Laufenden gehalten. Über jeden neuen Fortschritt wurde berichtet. Als sich die Pforten des Brauhauses in Lüdenscheid

Brauerei und Brauhaus im ehemaligen Jugendstilschwimmbad.

öffneten, standen die Gäste bereits Schlange, so gespannt waren sie auf das neue Medardusbräu. Der Braumeister kam dem Durst kaum hinterher.

Zwei Jahre später – 1996 – folgte der zweite Streich. Dem Charme des 1882 erbauten Jugendstilschwimmbades in Wuppertal-Barmen erlag Jörg Mehl sofort. »Liebe auf den ersten Blick! Ich konnte nicht anders. Es wird das schönste Brauhaus Deutschlands«, so schwärmte er in der Wuppertaler Presse. »Wuppertal war um die Jahrhundertwende die reichste Stadt Deutschlands. Die haben daher das Bad damals vom Feinsten gebaut – mit vorgelagertem Frauenbad und vielen Nebenräumen.« Das Frauenbad wurde zum neuen Haupteingang umgestaltet. Drei Ebenen bestimmen das architektonische Bild. Das Schwimmbecken blieb als unterste Ebene erhalten. Es beherbergt heute den Schankbereich. Auf der Empore steht quasi wie eine Orgel die Brauerei mit dem Sudwerk sowie den Gär- und Lagertanks. Durch ein 2,20 Meter großes, extra dafür ausgefrästes Loch in der Gewölbedecke wurde die Brauanlage passgenau hineinmanövriert. Freundliche Gags sind die Anspielungen auf die ursprüngliche Nutzung des Gebäudes als Schwimmbad. Fröhliche Schwimmerinnen und Schwimmer in urtümlichen Ringelbadeanzügen ziehen als Mobile träge ihre Runden über dem Geschehen, an den Wänden flankiert von Skulpturen von Badenden auf imaginären Sprungbrettern und an Beckenrändern. Zentral über der zwölf Meter langen Haupttheke – man kann es sich schon denken – verbindet die Schwebebahn in Kleinformat deren Enden miteinander. Die Tische auf den beiden umlaufenden Galerien sind

Zahlen & Fakten:
Ausschlagwürze pro Sud:
20 Hektoliter
Ausschlagmenge pro Jahr:
1.500 Hektoliter
Absatzgebiet: Brauhaus

Infos rund um die Brauerei:
Wuppertaler Brauhaus, Kleine Flurstraße 5, 42275 Wuppertal
Tel. 0202/25 50 50
Fax 0202/255 05 25
wuppertaler-brauhaus@gmx.de
www.wuppertaler-brauhaus.de

Eigentümer: Jörg Mehl, Richard Hubinger
Gründungsjahr: 1997

Öffnungszeiten Brauhaus:
So–Do 11–24 Uhr, Fr, Sa 11–1 Uhr
Öffnungszeiten Biergarten:
bei schönem Wetter

Brauereibesichtigungen:
nach Absprache
Brauereishop: ja
Bier kaufen vor Ort: 2-Liter-Henkelflaschen-Siphons, 0,5-Liter- und 1-Liter-Bügelverschlussflaschen, Fässchen

Ausflugsziele & Aktivitäten:
- Fahrt mit der Schwebebahn
- Friedrich-Engels-Haus
- Museum für Frühindustrialisierung
- Von der Heydt-Museum
- Botanischer Garten mit Elisenturm
- Wuppertaler Zoo

Gär- und Lager-
tanks: Brau-
technik als
Designelement.

dementsprechend benannt nach den einzelnen Haltestellen. Am 11. Juni 1997 wurde das ehemalige Hallenbad seiner neu-
en Bestimmung übergeben. Die Wandlung
vom Bad zur Brauerei war vollzogen. Den
Wuppertalern ist es wichtig, dass sie endlich wieder ein eigenes Bier haben.

Genauso stolz sind mittlerweile die
Gummersbacher Bürger, dass in ihrer Stadt
gebraut wird, und das im Zentrum in bester Lage, sodass man sich nach einem Ein-
kaufsbummel vom Stress erholen kann.

Eigentlich war auch in Gummersbach
das Objekt der Wahl ein altes Hallenbad,
die städtische Badeanstalt. Die Pläne
scheiterten jedoch. Aber Anfang des neu-
en Jahrtausends brachte die Stadtspitze
das Gebäude der ehemaligen Landeszen-
tralbank (LZB) – vorher Reichsbank – ins
Gespräch. Obwohl auch diesem Projekt
zunächst der Wind entgegenblies, konnte
2002 die Eröffnung gefeiert werden. Hell,

Wuppertaler Brauhaus:

Wupper Hell	alc. 5 % vol.; 12 % Stammwürze; untergärig; unfiltriert
Wupper Dunkel	alc. 5 % vol.; 12 % Stammwürze; untergärig; unfiltriert

Saisonbiere:

Wupper Festbier	alc. 5,8 % vol.; 13,5 % Stammwürze; untergärig; unfiltriert
Weizenbier	alc. 5,2 % vol.; 12,5 % Stammwürze; obergärig; unfiltriert
Maibock	alc. 6,8 % vol.; 12,5 % Stammwürze; untergärig; unfiltriert
Weihnachtsbock	alc. 7,2 % vol.; 16,3 % Stammwürze; untergärig; unfiltriert

Brauhaus Gummersbach:

Bräu	alc. 4,8 % vol.; 11,6 % Stammwürze; obergärig; unfiltriert
Oberberger-Pils	alc. 4,8 % vol.; 11,6 % Stammwürze; untergärig; unfiltriert

Saisonbiere:

Osterbräu	alc. 5,4 % vol.; 12,5 % Stammwürze; untergärig; unfiltriert
Weizenbier	alc. 5,5 % vol.; 12,3 % Stammwürze; obergärig; unfiltriert
Weihnachtsbier	alc. 5,5 % vol.; 12,3 % Stammwürze; untergärig; unfiltriert
Maibock	alc. 7 % vol.; 16,1 % Stammwürze; untergärig; unfiltriert
Dunkel	alc. 5,5 % vol.; 12,3 % Stammwürze; untergärig; unfiltriert

modern und frisch wirken die Räume. Auch hier dient als Blickfang das Edelstahlsudwerk. Es passt ins Ambiente. Kupferkessel wären hier fehl am Platz. Mit viel Aufwand hat die finnische Malerin Raja Cecelsky die Wände mit Bildern und Sinnsprüchen rund um das Bier verziert. Auf allen Etagen begegnet man ihnen und bleibt unwillkürlich stehen, da sie zum Lesen und Betrachten geradezu herausfordern. Etwas versteckt in einer Ecke befindet sich der »sicherste« Platz im Brauhaus, der Eingang zum Tresor, eine mit einem Brandschutzbelag feuergesicherte schwere Stahltür. Hinter ihr befindet sich nicht das Hopfen- und Malzlager, sondern – eine Wand. Auf ihr sollen, so heißt es, die Panzerknacker von Walt Disney ihr Unwesen treiben. Die Tür ist in der Tat noch voll funktionsfähig. Davon konnte sich Andreas Linneboden überzeugen. Als eine Gruppe ehemaliger LZB-Banker eine Feier an ihrer alten Wirkungsstätte abhielten, zückte der pensionierte Direktor drei Schlüssel und machte sich frisch ans Werk. Nach kurzer Zeit kurbelte er an dem zentralen Drehknauf, und die Sicherungsriegel fuhren in den Türrahmen. Der »Tresor« war verschlossen.

Das Brauhaus lockt ein bunt gemischtes Publikum an. Den ganzen Tag herrscht rege Betriebsamkeit, vom Frühstücksbüfett bis zum Absacker am Abend. Die Gäste werden stets freundlich bedient.

Frage: Wo frühstücken die Handballer des VfL Gummersbach, bevor sie zu einem Auswärtsspiel fahren? Antwort: im Gummersbacher Brauhaus.

Frage: Wo ließen sich die Handballer des VfL Gummersbach und das ganze Team nach dem Gewinn des Europa Cups 2010 von den Fans feiern? Antwort: auf dem Balkon des Gummersbacher Brauhauses.

Zahlen & Fakten:
Ausschlagwürze pro Sud:
10 Hektoliter
Ausschlagmenge pro Jahr:
650 Hektoliter
Absatzgebiet: Brauhaus

Infos rund um die Brauerei:
Brauhaus Gummersbacher GmbH,
Hindenburgstraße 15,
51643 Gummersbach
Tel. 02261/290 01-0
Fax 02261/290 01-29
info@brauhaus-gummersbach.de
www.brauhaus-gummersbach.de

Eigentümer: Jörg Mehl, Andreas Linneboden
Gründungsjahr: 2002

Öffnungszeiten Brauhaus: Mo–Do 9–24 Uhr, Fr, Sa 9–1 Uhr, So 11–24 Uhr
Öffnungszeiten Biergarten: bei schönem Wetter

Brauereibesichtigungen und Zapfdiplom: nach Absprache
Brauereishop: an der Theke
Bier kaufen vor Ort: 2-Liter-Henkelflaschen-Siphons, 1-Liter-Bügelverschlussflaschen, Fässchen

Ausflugsziele & Aktivitäten:
· Eisenbahnmuseum Dieringhausen
· Evangelische Stadtkirche »Oberbergischer Dom«
· LVR-Industriemuseum Engelskirchen – Baumwollfabrik Ermen & Engels
· Bergisches Freilichtmuseum, Lindlar
· Aggertalhöhle, Engelskirchen, Ründeroth

Erzquell Brauerei Bielstein – Wiehl-Bielstein

E in Ort und seine Einwohner identifizieren sich mit ihrer Brauerei: »Bierdorf Bielstein«, so steht es am Ortseingang des kleinen oberbergischen Ortes. Fährt man von Weiershagen kommend auf der Bielsteiner Straße an der Brauerei vorbei, sieht man bereits die vier großen Kupferpfannen im Sudhaus. So stellt man sich eine klassische Brauerei vor.

»Erzquell Brauerei Bielstein, Haas & Co. KG« heißt die Brauerei, die als die geografisch östlichste Brauerei Kölsch brauen darf: »Zunft Kölsch«. Das lässt die Kölsch-Konvention von 1986 zu. Die traditionsreichen Brauereien im Kölner Umland, die immer schon Kölsch gebraut haben, genießen durch das Gewohnheitsrecht eine Art Bestandsschutz. Es ist namentlich festgelegt, wer außerhalb Kölns Kölsch

Die Erzquell Brauerei ist die östlichste Brauerei, in der Kölsch gebraut wird.

brauen darf. Und dazu gehört eben die Erzquell Brauerei, die ihr Kölsch nach den alten Handwerkervereinigungen Kölns, den Zünften, benennt und damit ihre eigene Tradition unter den Kölschmarken unterstreicht.

Die Erzquell Brauerei wird in der vierten Unternehmergeneration geleitet. Dr. Axel Haas ist der derzeitige Chef und trägt für die Brauereien in Bielstein und in Siegen die Verantwortung. Das ist unternehmerisch eine Besonderheit! Es gibt zwei Erzquell Brauereien, sozusagen Schwesterbrauereien, die in einem gemeinsamen Konzept miteinander verbunden, rechtlich

Zahlen & Fakten:
Ausschlagwürze pro Sud:
310 Hektoliter
Ausschlagmenge pro Jahr:
200.000 Hektoliter
Absatzgebiet: Bergisches Land, rechtsrheinisches Köln, Siegerland, Westerwald

Infos rund um die Brauerei:
Erzquell Brauerei Bielstein,
Bielsteiner Straße 108,
51674 Wiehl-Bielstein
Tel. 02262/82-0
info@erzquell.de
www.zunft-koelsch.de,
www.erzquell-pils.de

Eigentümer: Dr. Axel Haas
Gründungsjahr: 1900

Brauereibesichtigungen: auf Anfrage, www.naturarena.de/
Brauereifuehrungen.aspx
Brauereishop online: ja

Ausflugsziele & Aktivitäten:
- Tropfsteinhöhle Wiehl
- historische Postkutschenfahrt: Wiehl–Nümbrecht
- Museum » Achse, Rad und Wagen« in Wiehl-Oberhammer
- Schloss Homburg, Nümbrecht
- Historische Holstein's Mühle (Gasthaus)
- weitere Tipps unter www.naturarena.de

Bei diesem Anblick lacht das Herz!

und brautechnisch aber getrennt zu betrachten sind.

Die Erzquell Brauerei wurde gegründet im Jahr 1900. Ursprünglich hieß sie »Adler Brauerei«. Ernst Kindl, ihr Gründer, besaß eine Reißerei und Spinnerei. Da die wirtschaftliche Ertragslage in der Textilbranche schlecht war, schulte er um. Er ließ sich in Weihenstephan ausbilden und lernte dort den Beruf des Brauers. Sein Bier kam gut an bei der Bevölkerung im Bergischen Land. Den Ersten Weltkrieg und die Wirtschaftskrisen danach bedeuteten für das Unternehmen keine große Krise. Anfang der 1920er Jahre übertrug der Firmengründer die Geschäftsführung an seinen Schwiegersohn Carl Haas, einen ausgebildeten Brauereifachmann, der die Entwicklung des aufstrebenden Unternehmens weiter vorantrieb. Anfang der 1930er Jahre wurde die Brauerei in »Bielsteiner Brauerei« umgetauft, da es in Köln-

Ehrenfeld ebenfalls eine »Adler Brauerei« gab. Verwechslungen sollte es nicht geben. 1931 übernahm man die Mehrheitsbeteiligung an der damaligen Siegtal Brauerei.

Ein weiterer Generationenwechsel erfolgte 1951. Diplom-Kaufmann Werner Haas wurde Nachfolger seines verstorbenen Vaters. Er leitete die Entwicklung ein, die das Unternehmen zur heutigen Bedeutung führte. Denn 1976 fusionierte die Bielsteiner Brauerei mit der Siegtaler Brauerei zur Erzquell Brauerei Bielstein und Erzquell Brauerei Siegen, wobei sie als Schwesterbrauereien weiterhin selbstständig blieben. Etwa 50 Mitarbeiter sind heute in Bielstein beschäftigt. Die Erzquell Brauerei Bielstein ist somit ein guter Arbeitgeber und ein wichtiger wirtschaftlicher Faktor für die Region. Sinnvolle Investitionen und gezielte Marktstrategien weisen weiterhin in die Zukunft eines ge-

Zunft Kölsch	alc. 4,8 % vol.; 11,3 % Stammwürze; obergärig
Bergisches Landbier	alc. 4,8 % vol.; 11,6 % Stammwürze; obergärig; unfiltriert
Erzquell Pils	alc. 4,8 % vol.; 11,4 % Stammwürze; untergärig
Siegtaler Landbier	alc. 4,8 % vol.; 11,6 % Stammwürze; untergärig; unfiltriert

sunden Unternehmens. Bewusster Kundenkontakt und fachmännische Beratung werden gerade in der Gastronomie geschätzt.

»Zunft Kölsch« als Marke gibt es seit den 1950er Jahren. Es wird ausschließlich in Bielstein gebraut, während das für das Siegerland typischere Erzquell Pils in Siegen hergestellt wird. Als erste Kölschbrauerei führte sie die NRW-Halb-Liter-Flasche für Zunft Kölsch ein.

Aus der Gastronomie kamen der Wunsch und die Anregungen für die beiden jüngsten Biere der Geschwisterbrauereien: Bergisches Landbier (seit 2008) und Siegtaler Landbier (seit 2009). Da in früheren Zeiten die Biere dunkler waren als heutzutage, kreierte der Braumeister jeweils ein dunkles obergäriges und untergäriges Bier unter der Zugabe von dunklen Spezialmalzen. Ein voller Erfolg! Beide Landbiere werden leider nur in 30-Liter-KEG-Fässern für die Gastronomie abgefüllt, aber am besten schmeckt Bier sowieso aus dem Fass.

Das Kupfersudwerk ist des Brauers Stolz.

Gasthof Willmeroth – Windeck-Mauel

Das Malz holt er direkt von der Mälzerei in Gelsenkirchen. Den Hopfen besorgt er sich in Wolnzach bei der Hopfenverwertungsgenossenschaft (HVG) auf der Rückfahrt vom Skifahren in Italien. Karl Willmeroth ist in seinem Element, wenn es ums Brauen geht. Die untergärige Hefe stammt von einer Brauerei im Sauerland. Und schon sind alle Zutaten für das Maueler Hofbräu zusammen.

Direkt vor Ort frisch geschrotet, kommt das Malz in den Maischbottich. Das Brauen kann beginnen.

Maueler »Hofbräu«: Die kleine Brauerei ist passgerecht in den ehemaligen Stall des Hofes eingebaut – womit sich auch der Name erklären dürfte. Karl Willmeroth hatte die Sorge, dass die große »Hofbräu«-Schwester aus München ihn wegen seines Logos (MHB) ärgern könnte, aber diese

Brauer Willmeroth bei der Arbeit.

zeigt ja nur das zusammengezogene HB unter dem Krönchen.

2003 wurde der Braubetrieb aufgenommen. Eine »Schnapsidee« wurde Wirklichkeit. Eigentlich wollte er seinen Betrieb an seinen Sohn übergeben, der sich aber noch zu jung fühlte. Karl Willmeroth hatte schon mal etwas von Gasthausbrauereien gehört, fand diese Idee interessant und besuchte auf einer Fahrt nach Italien eine kleine Brauerei am Bodensee. Nach dem Gespräch mit dem dortigen Braumeister war er erst einmal abgeschreckt. Zu Hause hatten jedoch Freunde schon Prospekte und Unterlagen von Brauanlagenherstellern gesammelt. Nach einigen

Zahlen & Fakten:
Ausschlagwürze pro Sud:
3 Hektoliter
Ausschlagmenge pro Jahr:
etwa 200 Hektoliter
Absatzgebiet: Brauhaus

Infos rund um die Brauerei:
Hotel Maueler Hofbräu, Preschlin-Allee 11, 51570 Windeck-Mauel
Tel. 02292/91 33-0
Fax 02291/91 33-33
info@gasthof-willmeroth.de
www.gasthof-willmeroth.de

Eigentümer: Thomas Willmeroth
Gründungsjahr: 2003

Öffnungszeiten Brauhaus: Mi Ruhetag, Mo, Di, Do, Fr 12–13.30 Uhr und 18–21.30 Uhr, Sa 12–14 Uhr und 18–21.30 Uhr, So 12–14 Uhr und 17.30–21 Uhr
Öffnungszeiten Biergarten:
bei schönem Wetter

Brauereibesichtigungen:
nur für Hausgäste
Bier kaufen vor Ort: 2-Liter-Henkelflaschen-Siphons, 1-Liter-Bügelverschlussflaschen, Fässchen

Ausflugsziele & Aktivitäten:
· Wandern
· Radfahren an der Sieg
· Kegeln

Blick in den Maischbottich.

Biergarten neben der kleinen Brauerei.

Besichtigungen von anderen Kleinstbrauereien dachte er sich: Was die können, kann ich auch.

Die Kaufentscheidung fiel dann auf ein österreichisches Fabrikat. Aufbauen – Unterweisung – Brauen. »Dä es doch jeck!!!«, so hörte er es von den Dorfbewohnern, die aber schon bald das Maueler Bier nicht mehr missen wollten. Ein Bekannter, »der sich mit alkoholischer Vergärung auskennt«, unterstützte Karl Willmeroth, sodass er sich auf der sicheren Seite fühlte.

2007 hat sich Karl Willmeroth dann doch aus dem Gasthof und dem Hotelbetrieb zurückgezogen. Nur das Brauen, das gibt er nicht auf! Wenn er im Urlaub ist, braut der Bekannte oder sein Sohn Thomas Willmeroth, dem er das Brauen beigebracht hat.

Wie ist er an den Geschmack des Biers gekommen? Die Geschmacksvorgabe war – Altbier. Das ist zwar obergärig, aber durch Verkostungen diverser niederrheinischer Biere wusste man, wohin man wollte. Zusammen mit dem Brauanlagenhersteller fand er ein Rezept, das dem Geschmack eines milden Alt ähnelt. Hervorragend gelungen, darf man heute sagen!

Das Örtchen Mauel – ein Ortsteil von Schladern, Gemeinde Windeck – liegt an der Sieg auf Westerwälder Seite. Das zeigt auch das Wappen, das sich die Familie Willmeroth für ihren Betrieb gewählt hat. Die Burg Windeck, neben der die Sonne zu erkennen ist, steht auf einem Hügel. An dem Flüsschen wachsen Pappeln, die typische Uferbepflanzung der Sieg. Jetzt bedurfte es nur noch eines aussagekräftigen Tiersymbols. Da in den Wäldern die Schwarzkittel ihr (Un-)Wesen treiben, wurde ein Wildschwein gewählt. Und das Idyll ist fertig. Der Gasthof Willmeroth ist ein guter Ausgangspunkt oder eine Einkehrstation für Wanderer und Radfahrer.

Maueler Hofbräu alc. 5,4 % vol.; 13 % Stammwürze; untergärig; unfiltriert

Saisonbiere:
Weihnachtsbock alc. 7 % vol.; 15 % Stammwürze; untergärig; unfiltriert
Maibock, Weizenbier (2 Versuche)

Hausbrauerei Wirtschaft Richard Becker – Remscheid

Schade, dass man als Motorradfahrer und Flugzeugführer keinen Alkohol trinken darf. Denn die Wirtschaft Richard Becker im Remscheider Ortsteil Ehringhausen ist ein schöner Anfahrtspunkt für alle Biker. Hier hat Wolfgang Paffrath in einem denkmalgeschützten Gebäude seine Mikrobrauerei eingerichtet. Der Brauer ist begeisterter Motorradfahrer und Lehrer für Ultra-leichtflugzeugpiloten – tja, da hat er es nicht leicht: Brauen, Fahren und Fliegen. Aber keine Sorge, es ist miteinander vereinbar. Während ich sein Bier verkoste, sitzt er daneben und trinkt Kaffee.

Bis zu seinem 86. Lebensjahr führte Richard Becker das Regiment in seiner Wirtschaft. Als er 1982 starb, übernahm sein Großneffe Wolfgang Paffrath das Gasthaus und führte es weiter.

Gasthaus Brauerei im bergischen Stil.

Zünftige Skat-spieler: »I mme rrinnje redwir dnicht«.

Es wurde renoviert, der alte Festsaal mit einbezogen, ein Anbau kam hinzu, sodass die Räumlichkeiten großzügig zu nutzen sind. Dabei kam auch eine Kuriosität zum Vorschein, die sich viele Jahrzehnte hinter Putz und Tapete verborgen hatte. Selbst die ältesten Stammgäste von Richard Becker konnten sich an dieses Bild nicht erinnern. Es zeigt drei Karten spielende Herren, die zur späten Stunde bei Bier und Selters zusammensitzen. Die Überschrift: »I mme rrinnje redwir dnicht«. Wolfgang Paffrath vermutet, dass das Bild mit der sonderbaren Rechtschreibung aus dem 19. Jahrhundert stammt.

Neben dem Haus befindet sich der Biergarten. Bei schönem Wetter können die Gäste dort das hausgebraute Bier genießen.

Als Kleinstbrauer muss man natürlich kreativ sein. Immer wieder stellen sich die Fragen: Was für ein Bier braue ich? Welche Geschmacksnoten möchte ich bevorzugen? Wie soll ich es nennen?

Die Vorgabe des Brauanlagenherstellers Dr. Kretschmer war, dass es obergäriges Bier sein sollte. Die Kühlung ist unproblematischer, gerade bei offenem Kühlschiff über der Anlage. Wolfgang Paffrath entschied sich für ein helles und ein dunkles Bier – das helle hopfig, das dunkle malzig. Als Bezeichnung wählte er dementsprechend Ehringhauser Gold und Ehringhauser Kupfer. Mit den Stammbieren machte er seine ersten Erfahrungen als Brauer. Einmal in der Woche werden drei Sude gebraut. Das Handbuch war am Anfang immer in der Nähe. Wenn er nicht weiterwusste, rief er Dr. Kretschmer an.

Ehringhauser Gold   alc. 5,2 % vol.; 13 Grad Plato Stammwürze; obergärig; unfiltriert
Ehringhauser Kupfer   alc. 5,2 % vol.; 13 Grad Plato Stammwürze; obergärig; unfiltriert

Saisonbiere:
Ehringhauser Bü-Bräu alc. 7 % vol.; 16–17 Grad Plato Stammwürze; obergärig; unfiltriert
Weizenbier, Rauchbier keine Angaben möglich

Die Gäste mögen sein Bier, und Wolfgang Paffrath ist experimentierfreudig: Ein Rauchbier konnte schon verkostet werden. Ein Starkbier fand großes Gefallen. Für den Sommer ist das Weizenbier im Angebot. Und weitere Ideen hat er genug. Fachliche Unterstützung – er möchte gern ein untergäriges Bier brauen – erhält er von einem jungen Braumeister, der sein Studium in Weihenstephan absolviert hat. Wolfgang Paffrath freut sich schon auf die Zusammenarbeit.

Übrigens: Die Idee, eigenes Bier zu brauen in einer Kleinstbrauerei, fiel nicht vom Himmel. Sie kam ihm auf einer Motorradfahrt mit Freunden in der Eifel.

Zahlen & Fakten:
Ausschlagwürze pro Sud:
250 Liter
Ausschlagmenge pro Jahr:
80 Hektoliter
Absatzgebiet: Brauhaus

Infos rund um die Brauerei:
Hausbrauerei Wirtschaft Richard Becker, Ehringhausen 65, 42859 Remscheid
Tel. 02191/592 24 97
info@wirtschaft-becker.de
www.wirtschaft-becker.de

Eigentümer: Wolfgang Paffrath
Gründungsjahr: Mai 2006

Öffnungszeiten Brauhaus:
Mo Ruhetag, Di–So ab 17.30 Uhr, So auch 11.30–14.30 Uhr
Öffnungszeiten Biergarten: bei schönem Wetter

Bier kaufen vor Ort: 2-Liter-Henkelflaschen-Siphons, Fässchen

Ausflugsziele & Aktivitäten:
- Schloss Burg
- Wanderwege: Echbachtal, Lohbachtal
- Ziel für Motorradfahrer

Al B'Andy, Hausbrauerei – Solingen-Wald

» Eine schrecklich nette Familie« – für viele war dies eine Kultserie Anfang der 1990er Jahren. Andreas Heibach mag den Humor dieser Serie, die er damals mit Hingabe gesehen hat. Deshalb kam es durch ein Wortspiel mit seinem Kurznamen »Andy«, von »Bei Andy« zu »Al B'Andy«.

1992 hat Andreas Heibach das 1840 erbaute, schieferverkleidete Fachwerkhaus samt Kneipe übernommen. Bekannt war es damals als »Kartoffelhaus«. Zuerst als brauereigebundener Mieter kaufte er nach Jahren eisernen Sparens das Objekt, zahlte die Brauereien aus und war somit frei. Schritt für Schritt kam der Wintergarten hinzu, dann das Nachbargebäude und der wunderbar gepflasterte Biergarten, der durch die großen Markisen auch bei kälterem oder regnerischem Wetter genutzt werden kann.

»Al B'Andy« ist eine urgemütliche Kneipe, die sich nach und nach zu einem Gasthaus im besten Sinne erweitert hat. Hier

Kurze Wege: Kneipe und Sudwerk sind durch eine Glaswand getrennt.

meine Abende zu verbringen, das kann ich mir sehr gut vorstellen. Ob an den Wänden oder den freigelegten Fachwerkbalken, immer wieder wird der Blick festgehalten. Der alte Küchenherd, der Kondomautomat aus den 1950er Jahren, das original Werbeblechschild für »Lux Filter Zigaretten«, die Blümchentapete hinter dem Maischbottich. Besondere Gastlichkeit verspürt man in der ersten Etage, die das Flair einer bergischen Wohnstube aus dem 19. Jahrhundert versprüht.

Abgetrennt durch eine große Glastür, steht das 250 Liter große Sudwerk. Wie bei »McMüller's« und der »Wirtschaft Richard Becker« wurde die Anlage von Brauanlagenhersteller Dr. Kretschmer im Jahr 2005 gebaut. Für kurze Zeit stellte Andreas Heibach einen Braumeister ein. Das neue Bier war lecker, kam gut an. Aber seine Kneipenbesucher blieben bei ihren angestammten Bieren, waren von Kölsch und Pils nicht wegzulocken. Das hatte zur Folge, dass Andreas Heibach seinen Traum, hauptsächlich seine eigenen Biersorten verkaufen zu können, aufgab. Er braut jedoch weiterhin sein Bier, nach den Rezepten, die er mit seinem ehemaligen Braumeister entwickelt hat. Allerdings immer nur einen Sud, und erst wenn der aufgebraucht ist, wird wieder gebraut, je nach Saison das passende Bier.

Seine neueste Idee ist, die Brauanlage braufreudigen Menschen zu überlassen. Andreas Heibach wünscht sich: »Einmal in der Woche montags trifft sich der ›1. Solinger Brauclub‹, um über Bier zu fachsimpeln oder sein eigenes Bräu herzustellen.« Das erinnert an die Tradition der Oberpfälzer Kommunbrauhäuser und des Zoigl-Biers.

Zahlen & Fakten:
Ausschlagwürze pro Sud: 250 Liter
Ausschlagmenge pro Jahr: k.A.
Absatzgebiet: Brauhaus

Infos rund um die Brauerei:
Al B'Andy, Augustinerstraße 1, 42719 Solingen
Tel. 0212/31 49 49
Fax 0212/31 49 49
info@albandy-solingen.de
www.albandy-solingen.de

Eigentümer: Andreas Heibach
Gründungsjahr: 2005

Öffnungszeiten Brauhaus:
täglich 18–1 Uhr, Fr, Sa 18–3 Uhr
Öffnungszeiten Biergarten:
bei schönem Wetter

Brauereibesichtigungen: Selbstbraumöglichkeit mit Anleitung

Ausflugsziele & Aktivitäten:
- Müngstener Brücke
- Schloss Burg
- Klingenmuseum Solingen
- Laurel & Hardy Museum
- LVR-Industriemuseum Solingen – Gesenkschmiede Hendrichs

RHEINLAND-PFALZ

6

FOH
Pils

DAS QUALITÄT
AUS DEM WESTE

Bell's WeinRestaurant –
& BierGarten – Bad Neuenahr

Im Keller unter dem WeinRestaurant erklärt Michael Jovy den anwesenden Gästen die »Kölner Probe«: »Wenn et Jod jot es, es et jot.« Übersetzt heißt das so viel wie: Wenn bei der Jodprobe zur Bestimmung von Stärke die Maische nicht blau oder violett färbt, sondern hell, dann ist die Probe gut, die ganze Stärke ist verzuckert. Braumeister Jovy hält gerade Seminar. 20 Personen – fast nur Männer – stehen an mehreren handelsüblichen Einmachkochtöpfen, bedienen den Thermostat und rühren mit verzücktem Gesicht die im Behälter befindliche Malzschrot-Wasser-Lösung. Einer pro Kleingruppe beobachtet akribisch das Thermometer, denn es soll ja ein leckeres Bier entstehen. »Ich hab den geilsten Job der Welt: Den Menschen Bierbrauen beibringen«, so Michael Jovys Urteil. In der Woche arbeitet er bei einem der größten Lebensmittelhersteller der Welt in der Qua-

Braumeister Jovy zwickelt frisch gebrautes Bier.

Pils
alc. 4,8 % vol.; 11,4 % Stammwürze;
untergärig
Hausbräu Hefeweizen
alc. 5,1 % vol.; 12,1 % Stammwürze;
obergärig; unfiltriert
Landbier
alc. 5,8 % vol.; 13,7 % Stammwürze;
obergärig; unfiltriert

litätssicherung. Abends und an Wochenenden tourt er mit seinen Gerätschaften durch Deutschland und bietet seine Seminare an.

Die Brauerei in Bad Neuenahr gehört ihm. Das Restaurant über dem Keller gehört seinem Schulfreund Markus Bell. Dieser machte sich Gedanken, wie er sich von den anderen Weinrestaurants in Bad Neuenahrs Fußgängerzone absetzen kann. Gemeinsam kamen sie auf die Idee: Eine Hausbrauerei in einer Weinstadt wäre ein wunderbarer Kontrapunkt. Michael Jovys kleine Brauerei wurde aus Aachen an die Ahr transplantiert, und der gemeinsame erfolgreiche Weg begann. Das sieben Hektoliter große Sudwerk ist ein ungarisches Produkt und wird im Herbst 2011 durch ein neues, größeres ersetzt. Dies wird aber nicht mehr im Keller stehen, sondern in einem bereits im »BierGarten« vorbereiteten Gebäude, gut sichtbar für die Gäste. Im Keller ist dann genug Platz für weitere Gär- und Lagertanks. Und man darf gespannt sein, was der quirlige Braumeister noch so alles plant.

Zahlen & Fakten:
Ausschlagwürze pro Sud:
7 Hektoliter
Ausschlagmenge pro Jahr:
400 Hektoliter
Absatzgebiet: Brauhaus

Infos rund um die Brauerei:
Bell's WeinRestaurant & BierGarten,
Niederhutstraße 27a, 53474 Bad
Neuenahr-Ahrweiler
Tel. 02641/90 02 43 • Fax 02641/355
04 • info@bells-restaurant.de
www.bells-restaurant.de

Eigentümer Brauerei: Michael Jovy
Gründungsjahr: 2007

Öffnungszeiten Brauhaus:
Mo 12–15 Uhr, Di–Fr 11.30–14.30 Uhr
und 17.30–22 Uhr, Sa 11.30–22 Uhr,
So 11.30–21 Uhr, aktuelle Zeiten auch
auf der Homepage
Öffnungszeiten Biergarten:
bei schönem Wetter

Brauereibesichtigungen: Bierseminare
Bier kaufen vor Ort: 5-Liter-Dose auf
Anfrage

Ausflugsziele & Aktivitäten:
· Regierungsbunker
· Altstadt
· Kasino Bad Neuenahr

Vulkan Brauerei – Mendig

Über Mendig schreiben bedeutet Biergeschichte schreiben. Denn die heute circa 8.600 Einwohner zählende Stadt war im 19. Jahrhundert *die* Brauereistadt im Rheinland.

Begonnen hat es im 18. Jahrhundert mit dem Abbau von Basalt. Unterirdisch wurde das Gestein abgebaut. 30 Meter unter einer Löss- und Bimstuffschicht – entstanden durch den Ausbruch des Laacher-See-Vulkans – wurden Stollen und riesige Kavernen in den Stein geschlagen. Die »Mühlstein-Lava« war gefragt und wurde für Mendig zu einem Exportschlager – bis im Mühlenwesen langlebigere Stahlwalzen eingeführt wurden. Für das kleine Städtchen war das ein Desaster.

Die Brautradition in Mendig beginnt mit Joseph Gieser, dessen Namen nur noch wenige kennen. Er stammte aus einem Ort

Brautradition in der Vulkaneifel – links der Eingang zum Felsenkeller.

bei Mannheim, erlernte den Beruf des Brauers und bekam Kontakt zu der Brüdergemeine in Neuwied. Nach seinem Umzug 1834 wurde ihm die Leitung der Brauerei der Neuwieder Brüdergemeine übertragen. Gieser hörte von den großen Erfolgen, die bayerische Bierbrauer mit dem untergärigen Bier hatten, außerdem drückte ihn der Wettbewerb, der im Rheintal herrschte. So suchte er eine Möglichkeit, sich von den Mitbewerbern abzusetzen. Dies war durch qualitativ hochwertiges untergäriges Bier möglich. Das Problem war die Kühlung: Große Keller gab es wenige. Eis war teuer und hielt nur eine gewisse Zeit. Aufmerksam wurde er deshalb auf die Mendiger Basaltkavernen, die nicht mehr benutzt wurden. In ihnen herrschte eine zum Brauen optimale konstant tiefe Temperatur. Die lange Lagerung für die Reifung des Biers war möglich, genauso wie die Bevorratung von Eis aus dem Laacher See und den Eisweihern der Umgebung. »So kamen Gieser die untertägig erschlossenen Steinbrüche in Mendig geradezu wie ein Gottesgeschenk vor« (Langensiepen).

1842 begann die Brüdergemeine mit dem Bau einer Brauerei und Mälzerei in dem Eifelstädtchen. Im gleichen Jahr brachten bayerische Brauer die untergärige Braumethode nach Pilsen, eine Duplizität der Ereignisse. Der Erfolg der Neuwieder sprach sich im Rheinland herum. Andere Brauereien wollten daran teilhaben. Sie kamen aus Köln und Koblenz, Aachen und Weißenturm – insgesamt waren es 28 Brauereien. Auf 100 Mendiger Bürger kam eine Brauerei. Das Bier, das produziert wurde, tranken die Menschen jedoch in den Heimatstädten der Braue-

Zahlen & Fakten:
Ausschlagwürze pro Sud:
86 Hektoliter
Ausschlagmenge pro Jahr:
3.000 Hektoliter
Absatzgebiet: Brauhaus, Eifel, angrenzende Gebiete von Nordrhein-Westfalen und Westerwald

Infos rund um die Brauerei:
Vulkan Brauerei, Laacher-See-Straße 2, 56743 Mendig
Tel. 02652/52 03 90
Fax 02652/52 03 91
info@vulkan-brauhaus.de
www.vulkan-brauerei.de

Eigentümer: Petra Pickel, Tochter von Familie Weber
Gründungsjahr: 1988

Öffnungszeiten Brauhaus: 11–23 Uhr
Öffnungszeiten Biergarten:
Mai–Oktober 11–23 Uhr bei schönem Wetter

Brauereibesichtigungen:
Kellerführungen!
Brauereishop: ja
Bier kaufen vor Ort: 2-Liter-Henkel-flaschen-Siphons, 0,33-Liter- und 0,5-Liter-Flaschen, Fässchen

Ausflugsziele & Aktivitäten:
- Führungen vor Ort in die Felsenkeller
- Deutsches Vulkanmuseum Mendig/Lava-Dome
- Abtei Maria Laach

Brauhaus als Museum: alte Schrotmühle und Fassreinigung.

reien. Mit Ausnahme der Andreas Wölker Brauerei, beheimatet in Mendig.

Mit der Inbetriebnahme der ersten Kühlmaschine von Carl von Linde in der österreichischen Brauerei Dreher in Triest (1877) begannen erneut schwere Zeiten für Mendig. Der Innovation aufgeschlossen, der langen Wege müde, stellten die Brauereien die Produktion in Mendig ein. 1911 schloss auch die Neuwieder Brüdergemeine ihre Brauerei.

Die Wölker Brauerei blieb Mendig erhalten: die heutige Vulkan Brauerei. 1987 wurde sie von der Familie Peter Weber übernommen, die in Mayen einen Getränkegroß- und -einzelhandel betrieb.

»Durch einen Zufall, im Gespräch mit dem Geschäftsführer der ehem. Wölker Brauerei, die zur Wicküler Gruppe gehörte, bot sich die Gelegenheit, das Firmengelände nebst Produktionsstätte in Mendig zu erwerben. Die Fam. Weber wusste jedoch sofort, dass diese ehem. Pils-Brauerei zu einer Bier-Spezialitäten-Brauerei umstrukturiert werden musste.« So kann man es auf der Homepage der Vulkan Brauerei lesen. Aus einer untergärigen wurde eine obergärige Brauerei.

Es ist wirklich höchst erfreulich, dass diese Brauerei noch immer am historischen Standort existiert. 153 Stufen steigen die Besucher hinab in die Vulkan-Felsenkeller, um sich die alte Braustätte anzuschauen – ein tolles Erlebnis! Nach dem anstrengenden Aufstieg schmeckt das frische Bier umso leckerer!

Vulkan Bräu Hell	alc. 4,9 % vol.; 11,3 % Stammwürze; obergärig; unfiltriert
Vulkan Bräu Dunkel	alc. 5,1 % vol.; 11,5 % Stammwürze; obergärig; unfiltriert
Vulkan Bräu Weizen	alc. 5,1 % vol.; 11,5 % Stammwürze; obergärig; unfiltriert

Marktbräu – Neuwied

88 Jahre lang wurde in Neuwied nicht mehr gebraut. Seit dem 2. Juli 2010 fließt in dem jungen Brauhaus am Markt frisches Neuwieder Bier aus dem Zapfhahn in die Gläser und durstigen Kehlen der Gäste.

Höchst ungewöhnlich für eine Brauerei: Die Pächterin des Brauhauses ist die DISA, die »Gesellschaft für Dienstleistungen in der Sozialen Arbeit«. Hinter dieser steht die Arbeiterwohlfahrt (AWO)

Neuwied, der das Gebäude gehört. Von der AWO ging die Initiative aus, die alte Brauerstadt Neuwied wieder an ihre Biertradition zu erinnern. Das Gebäude, 1863 erbaut und zentral gelegen am Marktplatz in der Kirchstraße, stand fast 20 Jahre leer. Nichts veränderte sich während dieser Zeit. Das fiel Rainer Litz auf, der als Geschäftsführer der AWO Neuwied, Platz für neue Büroräume suchte. Er erkundigte sich nach dem Eigentümer des Hauses

Die Neuwieder haben wieder eigenes Bier!

**Moderne Lager-
tanks unter
historischem
Tonnengewölbe.**

und stieß so auf Neuwieder Brauereigeschichte.

Das Gebäude war ursprünglich im Besitz der Bubser Brauerei, die über die Nette Brauerei (Weißenturm) an die Königsbacher Brauerei in Koblenz fiel. Bei weiteren Nachforschungen ergab es sich, dass
deren saarländische Besitzer nichts von
dem Grundstück und den Gebäuden in
Neuwied wusste.

Die AWO kaufte das Gebäude und ließ
es von der DISA renovieren. Der Charme
bei der Sache ist der, dass die DISA durch
diese Maßnahme – und das ist ihre Aufgabe – die Integration von Langzeitar-
beitslosen gefördert und Arbeitsplätze für
Menschen mit Beeinträchtigungen geschaffen hat. Es haben also Menschen das
Haus renoviert, die auf diese Weise ihre

Fähigkeiten neu einübten. Durch ihre neu
gewonnene Kompetenz konnten einige von
ihnen in Arbeitsstellen vermittelt werden.
So wurde der soziale Aspekt mit dem nütz-
lichen verbunden. Ähnlich verläuft es jetzt
auch im Brauhaus: arbeitsintensiv.

Die Speisen orientieren sich an alten
Neuwieder und Westerwälder Rezepten.
In der Küche wird das Gemüse geputzt und
handgeschnippelt, die dicken Soßen wirklich noch angerührt. Es schmeckt wie zu
Hause – nein, besser. Die Zutaten werden
von Landwirten und Betrieben aus dem
Umland bezogen. So werden Arbeitsplätze geschaffen und die regionalen Betrie-
be gestärkt.

Gut bürgerlich und doch hell und jung
präsentieren sich die Räume. Das kleine
Sudhaus ist in der Gaststube unterge-

Marktbräu Pils	alc. 4,8 % vol.; 11,7 % Stammwürze; untergärig; unfiltriert
Marktbräu Weizen	alc. 4,3 % vol.; 11,8 % Stammwürze; obergärig; unfiltriert
Grüzing	alc. 5 % vol.; 13,6 % Stammwürze; obergärig; unfiltriert
Saisonbiere:	
Maibock	alc. 8 % vol.; 18,5 % Stammwürze; untergärig; unfiltriert
Sommer-Pils	alc. 4,8 % vol.; 11,9 % Stammwürze; untergärig; unfiltriert

bracht, wie auch die beiden Gärtanks. Die Tanks zum Reifen und Lagern wie auch die Ausschanktanks befinden sich in dem sehenswerten alten Keller, dessen Bausubstanz wieder sichtbar gemacht wurde. Die separate Braugaststube spiegelt den Charakter und die Zeit der »Bubser Villa« wider.

Viel Wert wird auf die lange Reifung der Biere gelegt – gerade beim Pils. Für den jungen Brauer Paolo Bernd Richter, der für dieses Projekt sein Studium in Berlin bei der Versuchs- und Lehranstalt für Brauerei (VLB) unterbrochen hat, eine Herausforderung. Für die Fußballweltmeisterschaft wurde von ihm bereits das erste Sonderbier gebraut: ein »Sommer-Pils«, ein ganz klein wenig dunkler und fruchtiger als das Stammpils. Der Geschmack des Weizens, ganzjährig gebraut, orientiert sich an fränkischen Bieren. Als drittes Stammbier wird ein Roggenbier gebraut, »Grüzing« genannt. Die Bezeichnung leitet sich von der althochdeutschen »Kreusing« ab, dessen Wortstamm sich in den »Kräusen« der Hefe wiederfindet. Es soll an die alten Westerwälder Biere erinnern. Bis zu den Hungersnöten des Mittelalters war der Roggen das typische Braugetreide im Westerwald.

Für die Neuwieder Bürger wirkt das Brauhaus identitätsstiftend. Das Brauhaus ist innerhalb der kurzen Zeit, in der es besteht, zu einem Mittelpunkt der Neuwieder Restaurantszene geworden. Hier herrscht jetzt die Atmosphäre, die die Düsseldorfer und Kölner in ihren Brauhäusern seit langen Jahren kennen. Mal schauen, wie es weitergeht, denn Ideen hat Rainer Litz genug.

Zahlen & Fakten:
Ausschlagwürze pro Sud:
10 Hektoliter
Ausschlagmenge pro Jahr:
Neugründung
Absatzgebiet: Brauhaus

Infos rund um die Brauerei:
Marktbräu, Kirchstraße 42,
56564 Neuwied
Tel. 02631/939 77 34,
Brauerei: 02631/939 77 35
Fax 02631/939 77 36
o.merl@marktbraeu.de
www.marktbraeu.de

Eigentümer: DISA GmbH
Gründungsjahr: Juli 2010

Öffnungszeiten Brauhaus:
So–Fr 11–24 Uhr, Sa 9–24 Uhr
Öffnungszeiten Biergarten:
bei schönem Wetter

Brauereibesichtigungen: ja, in Kombination mit Brauer-Essen, max. 12 Personen
Bier kaufen vor Ort: 2-Liter-Henkelflaschen-Siphons, Fässchen

Ausflugsziele & Aktivitäten:
· historischer Rheindeich
· Zoo
· Wiedbachtal
· Rheinsteig
· Westerwald-Steig
· Flippermuseum
· Roentgen-Museum Neuwied (Kreismuseum)
· Schloss Monrepos
· Museum für die Archäologie des Eiszeitalters

Königsbacher
Brauerei – Koblenz

Eines der schönsten Sudhäuser der Brauereien, die ich besuchen durfte, befindet sich in der Königsbacher Brauerei. Gemütlich glucken zwei sanft ausladende Maischbottiche neben der Würzepfanne. Schlank schwingen sich die Schlote in die Vertikale. Die beiden Schüttrohre für das geschrotete Malz teilen sich kurz unter der Decke, und mit elegantem Knick wird der mittlere Maischbottich verbunden. Oberhalb auf der Empore wacht bräsig der gedrungene Läuterbottich. Der Blick fällt auf den Rhein, die rechte Rheinseite mit Lahnstein und Burg Lahneck im Hintergrund. Wer mit dem Zug oder dem Auto durch das Rheintal von Mainz nach Koblenz oder umgekehrt fährt, kommt automatisch an der Königsbacher Brauerei vorbei. Sie ist nicht zu übersehen. Das gewaltige, für die Umgebung unpassende Tankhochhaus ist eine Landmarke.

Warum ist es am Rhein so schön? – Hier wird Bier gebraut!

Der Ursprungssitz der Brauerei lag in der Braugasse in der Altstadt von Koblenz. 1689 wurde hier im »Haus Monreal« die städtische Brauerei eröffnet, die der Bauunternehmer Josef Thillmann 1882 (andere Quellen schreiben 1884) käuflich erwarb und als kleine Brauerei bis 1885 dort betrieb. »Bald jedoch erwiesen sich die Räume als zu klein, denn das erzeugte Bier war sehr beliebt, und demzufolge stieg der Absatz rasch in die Höhe. Daher wurde im Jahr 1886 der Brauereibetrieb nach der Königsbach verlegt, woselbst eine gerade still liegende Brauerei von dem Eigentümer Wahrendorf gekauft wurde. ... Im Jahre 1898 siedelte das Brauereikontor nach dem inzwischen fertig gestellten

Zahlen & Fakten:
Ausschlagwürze pro Sud:
420 Hektoliter
Ausschlagmenge pro Jahr:
200.000 Hektoliter
Absatzgebiet: Koblenz,
Rheinschiene Mosel, Lahntal,
Westerwald

Infos rund um die Brauerei:
Königsbacher Brauerei, An der
Königsbach 8, 56075 Koblenz
Tel. 0261/13 97-0
Fax 0261/13 97-222
info@koenigsbacher.de
www.koenigsbacher.de

Eigentümer: Bitburger
Braugruppe GmbH
Gründungsjahr: 1689

Brauhaus:
Königsbacher Brauereiausschank,
An der Königsbach 8, 56075 Koblenz

Öffnungszeiten Brauhaus:
täglich ab 10 Uhr
Öffnungszeiten Biergarten:
bei schönem Wetter

Brauereibesichtigungen: zurzeit nicht
Brauereishop: im Brauereiausschank
Brauereishop online: ja
Bier kaufen vor Ort: im Brauereiausschank

Ausflugsziele & Aktivitäten:
- Rhein in Flammen
- Stadtbummel in Koblenz
- Festung Ehrenbreitstein

Sudhaus mit Blick auf den Rhein. / Tankhochhaus mit Brauhaus.

Hotel Reichshof um ...« Dieses Hotel war von dem zur Familie Thillmann/Göbel gehörenden Baugeschäft errichtet worden. Dies berichtet der langjährige Prokurist der Brauerei Johann Schreiber in seinem »Rückblick«.

Er schreibt auch über die Anfang des 20. Jahrhunderts legendären Bockbierfeste in Koblenz. »Viel Zeit wurde für den Dienst am Kunden und die Reklame aufgewandt. Die Königsbacher Brauerei war darin geradezu vorbildlich und verdankt ihren raschen Aufstieg in erster Linie dieser Gepflogenheit. Es wurde im Büro photographiert, gemalt und gedichtet zu Hochzeiten, Kindtaufe, Kirmessen usw. Besonders aber waren die von der Königsbacher Brauerei veranstalteten Bockbierfeste im ›Alten Brauhaus‹ allbekannt und beliebt. Hierzu wurde jedes Mal ein extra eingebrautes 16 %iges Starkbier, genannt ›Urbock‹ in Originalkrügen mit stets wechselndem Dekor ausgeschenkt. Eine sinnreiche Dekoration des Lokals, Original Bockbierlieder und Bockbiermützen schufen eine fröhliche Stimmung, die die Gäste bis spät in die Nacht zusammenhielt. Kein Wunder, dass die Vorbereitungen zu einem solchen 3 Tage dauernden Bierfest einige Herren vom Büro tagelang beschäftigte.« Daran, dass die Königsbacher Brauerei eine Bockbierbrauerei war, erinnern die beiden (Doppel-)Bockköpfe im Logo der Königsbacher. Der Hektoliter-

Königsbacher Pils	alc. 4,8 % vol.; 11,4 % Stammwürze; untergärig
Königsbacher Export	alc. 5,3 % vol.; 12,5 % Stammwürze; untergärig
Königsbacher 1689	alc. 5,2 % vol.; 12 % Stammwürze; untergärig
Zischke Kellerbier	alc. 4,8 % vol.; 11,5 % Stammwürze; untergärig; unfiltriert
Nette Edel Pils	alc. 4,8 % vol.; 11,5 % Stammwürze; untergärig
Saisonbiere:	
Königsbacher MaiBock	alc. 6,9 % vol.; 16,5 % Stammwürze; untergärig
Königsbacher FestBock	alc. 6,9 % vol.; 16,5 % Stammwürze; untergärig

ausstoß an Bier stieg von 5.000 Hektoliter (1890) über 100.000 Hektoliter (1915) auf 224.000 Hektoliter (1938). Die kleine Familienbrauerei hatte sich zu einer Großbrauerei gemausert.

Großes Aufsehen erregten in den 1960er Jahren zwei Bauwerke der Königsbacher Brauerei: das Sudhaus und das Tankhochhaus (THH).

»Im Jahre 1939 stand die Königsbacher Brauerei an hundertster Stelle in der Bundesrepublik – heute rangiert sie größenmäßig unter den zehn Ersten! Das neue, auf rd. 440 qm Fläche errichtete und mit einem Elevator-Turm 30 Meter hohe neue Sudhaus war daher dringend notwendig; es wurde nach modernsten bau- und betriebstechnischen Gesichtspunkten gebaut und ebenso repräsentativ wie harmonisch in die landschaftliche Umgebung eingefügt« (Rheinpost, 7. März 1960).

Das Tankhochhaus hat eine Länge von 69 Metern, eine Tiefe von 20 Metern und eine Gesamthöhe von 64 Metern. Es verfügt über zwölf Etagen, zwei Restaurants: eins im Erdgeschoss und eins im 12. Geschoss in 57,5 Meter Höhe unter dem Dach. In acht Stockwerken mit einer Höhe von je 3,75 Metern können 100.000 Hektoliter Bier lagern. Über ihnen (im 9. und 10. Obergeschoss) sind der Gärkeller sowie der Hefekeller mit Reinzucht und Hefepresse untergebracht, im 11. Geschoss der Anstellkeller und die Sozialräume. Diese Daten waren in der »Tageszeitung für Brauerei« am 6. Dezember 1969 veröffentlicht worden und machen deutlich, welche Ehrfurcht der Schreiber des Artikels erfüllt hat ob der Dimension des Bauwerks.

Die Königsbacher Brauerei ist auch durch die Übernahme anderer Brauereien groß geworden und hat auf diese Weise ihr Absatzgebiet erweitern können. Bereits 1937 wurde die J. Bubser Brauerei zur Nette GmbH übernommen, 1968 kam die Richmodis Brauerei von Friedrich Winter in Köln hinzu, 1969 in Aachen die Walfisch Brauerei Fr. Hamacher, 1982 die Brauerei A. Bonnet & Cie in Meisenheim an der Glan.

Die Königsbacher Brauerei selbst schließt sich 1992 der Karlsberg Brauerei KG Weber in Homberg/Saar an, an der sich wiederum ab 2003 die Brauerei Holding International AG beteiligt – ein Joint Venture aus dem niederländischen Braukonzern Heineken und der deutschen Schörghuber-Gruppe. Deren Anteile werden 2009 an die Familie Weber zurückgegeben. Seit Anfang 2010 übernimmt die Bitburger Gruppe die Vertriebs- und Markenrechte der Biermarken »Königsbacher« und »Nette Pils«, die jetzt im Lohnbrauverfahren von der Königsbacher Brauerei hergestellt werden. Die Koblenzer Braustätte und damit die Produktion bleiben weiterhin in den Händen der Karlsberg Brauerei.

Besonders erwähnenswert aus dem Sortiment sind das seit 2006 produzierte Königsbacher 1689, ein bernsteinfarbenes vollmundiges, malziges Bier, sowie das Zischke Kellerbier, ein naturtrübes Pils, das unter dem Label von Karlsberg firmiert. Es wird außer in 0,5-Liter-Bügelverschlussflaschen in 3-Liter-Magnumflaschen abgefüllt. Bei diesem Bier wird deutlich, dass unfiltriertes Bier geschmacklich im Vorteil ist.

Westerwald-Brauerei H. – Schneider – Hachenburg

Im grünen Herzen des Westerwalds liegt Hachenburg, eine Stadt mit etwa 6.000 Einwohnern. Sie gilt zu Recht als die Perle des Westerwalds, denn über einen Mangel an Sehenswürdigkeiten kann sie sich nicht beklagen. Ein Bummel durch das Stadtzentrum ist überaus lohnenswert. Da die Stadt im Zweiten Weltkrieg weitestgehend vor Zerstörung bewahrt blieb, hat sich alte Bausubstanz bis heute erhalten. Allein die alten Fachwerkhäuser aus dem 17. und 18. Jahrhundert und das Barockschloss, 1715 bis 1746 für die Hachenburger Grafen erbaut, sind einen Besuch wert. Die romanische Kirche St. Bartholomäus (1100–1130) ist das älteste Bauwerk der Stadt. Sie steht im ältesten Stadtteil, in Hachenburgs »Altstadt«, etwas abseits des heutigen Zentrums. Dort, am Alten Markt, befindet sich rechts neben der evangelischen Schlosskirche St. Katharinen das Hotel »Zur Krone«,

Modernes Sudhaus und historische Maischpfanne unter einem Dach.

der Brauereiausschank der Westerwald Brauerei. 1439 erbaut, war das »Steynerne Huys« – wie der Name sagt – das erste aus Stein errichtete Gebäude der Stadt. Es gilt – so die Brauerei – als das ältestes Gasthaus Deutschlands. Ursprünglich wurde es von den Grafen von Sayn als Verwaltungssitz und Gästehaus verwendet.

Der Brauer Heinrich Schneider übernahm am 5. April 1861 den Grünschen Hof und gründete dort eine Brauerei. Um den alten Fachwerkhof entwickelte sich im Laufe der Zeit die Westerwald Brauerei zur heutigen Größe. Damit stand er als Erster der Familie Schneider in einer Tradition, die in Hachenburg bis zum Jahr 1325 zurückzuverfolgen ist. Damals bestimmte

Zahlen & Fakten:
Ausschlagwürze pro Sud: k. A.
Ausschlagmenge pro Jahr:
ca. 100.000 Hektoliter
Absatzgebiet: Westerwald

Infos rund um die Brauerei:
Westerwald-Brauerei, Gehlerter Weg 12, 57627 Hachenburg
Tel. 02662/808-0
Fax 02662/808-80
info@hachenburger.de
www.hachenburger.de

Eigentümer: Heiner Schneider und Jens Geimer
Gründungsjahr: 1861

Brauereiausschank:
Hotel »Zur Krone«
Öffnungszeiten: täglich ab 18 Uhr, Sa, So, feiertags 12–14.30 Uhr
Öffnungszeiten Biergarten:
bei schönem Wetter

Brauereibesichtigungen: ja
Brauereishop: ja, von 8–16.30 Uhr
Brauereishop online: ja

Ausflugsziele & Aktivitäten:
- historischer Stadtkern
- Landschaftsmuseum Westerwald
- Cadillac-Museum
- Abtei Marienstatt
- Tertiär- und Industrie-Erlebnispark Stöffel
- Basaltpark (Bad Marienberg)
- Wildpark
- Birkenhof Brennerei, Nistertal

Der Braumeister: Drum prüfe, was der Bierfreund trinke!

Graf Gottfried von Sayn, »dass jeder Brauer vom Ohm 2 Pfennige der Stadt als Akzise zu zahlen habe«. Die Akzise war eine Besteuerung von Genuss- und Lebensmitteln. Auch auf Bier wurde sie erhoben. Die Zeiten haben sich bis heute nicht geändert.

Mittlerweile wird die Hachenburger Brauerei in der fünften Generation geführt; zum ersten Mal jedoch nicht von einem Familienmitglied der Gründerfamilie Schneider. Heiner Schneider, vierte Generation, hat das Staffelholz weitergereicht an Jens Geimer, seit dem 1. Juli 2010 alleiniger geschäftsführender Gesellschafter. Und bei ihm darf die »5« gelten. Denn er ist vom Alter her eine Generation weiter als Heiner Schneider und ein Mitglied der Westerwald-Brauerei-Mitarbeiterfamilie. 1991 begann er hier seine Karriere mit der Lehre als Industriekaufmann. Vorausschauende Planung und Firmenpolitik sowie die rechtzeitige Übergabe an einen Nachfolger verhindern so die Übernahme von Konzernen, in denen das Bier einer Familienbrauerei zu einer Marke unter vielen wird.

Dieser »Familiensinn« ist in der Brauerei zu spüren. Das Zugehörigkeitsgefühl ist ausgeprägt und wird gefördert. Regelmäßig treffen sich die ehemaligen Auszubildenden in der Brauerei. Dann wird sich ausgetauscht, Kontakte werden aufgefrischt und natürlich gefeiert.

Persönlicher Kontakt wird auch zu den regionalen Landwirten gepflegt. »Aus der Region für die Region« ist die Grundhaltung. So besucht Braumeister Heinz Boßlet die Bauern, geht mit ihnen auf die Felder. Gemeinsam begutachtet man die Qualität der Braugerste, die für die Qualität des Biers überaus wichtig ist. Weiches Wasser – weicher als das Wasser in Pilsen – und die lange kalte Reifung des Hachenburger Biers prägen seinen unverwechselbaren Geschmack.

Hachenburger Pils	alc. 4,9 % vol.; Stammwürze k. A.; untergärig
Hachenburger Weizen	alc. 5,1 % vol.; Stammwürze k. A.; obergärig; unfiltriert
Hachenburger Ur-Trüb	alc. 5,1 % vol.; Stammwürze k. A.; untergärig; unfiltriert
Hachenburger Schwarze	alc. 4,8 % vol.; Stammwürze k. A.; untergärig
Hachenburger 2,8	alc. 2,8 % vol.; Stammwürze k. A.; untergärig

Brauerei Gebr. Fohr – Ransbach-Baumbach

13 Stockwerke, von der obersten Etage bis tief in die Keller hinein, misst die Brauerei Gebr. Fohr in Ransbach-Baumbach. Diese Höhe resultiert aus der Lage am Hang. Der Grund für diese Lage, die die Logistik innerhalb einer Brauerei nicht unbedingt erleichtert, liegt in der Geschichte. Schaut man auf alte Karten, entdeckt man an der von Ransbach ausgehenden Straße nach Hundsdorf zwei Symbole, daneben die Bezeichnung »Bier H.« – Bierhaus. Hier befanden sich die Eiskeller der Brauerei Fohr.

Den westlichen Eiskeller ließ Franz Fohr bauen, der als erster Brauer der Brauerfamilie Fohr die untergärige Brauweise 1847 in Bayern erlernt hatte. Die Braustätte der Familie lag damals noch im Ort.

»1864 legte er einen neuen Keller am heutigen Brauereistandort im Distrikt Eichholz an. Nachdem zu diesem im darauf folgenden Jahr ein Eiskeller (Strohkeller) hin-

Die Hanglage ermöglicht Eiskeller tief im Felsgestein.

zugefügt worden war, konnte auch im Sommer die Gärung herbeigeführt werden. Alles wurde mit der Hand gemacht« (Jungbluth/Jungbluth). Trotzdem gehörte auch die Brauerei Fohr zu den Brauereien, die in Mendig in den Basaltkavernen braute, allerdings nur für drei Jahre (1880–1883). Der Transport mit Pferde- oder Ochsenwagen war so beschwerlich, dass 1883 ein neuer Gärkeller und 1889/1890 ein Lagerkeller dem Eiskeller im Distrikt Eichholz angegliedert wurden.

In der nächsten Generation »spaltete« sich die Familien- und Brauereigeschichte. Zunächst führten die Brüder Wilhelm und Franz Josef Fohr gemeinsam die Brauerei »Gebr. Fohr«. Im April 1894 übernahm Franz Josef die Brauerei der Gebrüder Junker in Oberlahnstein, die heute unter dem Namen »Lahnsteiner Brauerei« firmiert.

Sie gehört immer noch einem Zweig der Familie Fohr. Bruder Wilhelm, jetzt Alleinbesitzer, verlegte 1895 die Produktion vollständig ins »Eichholz«. Durch die nachfolgenden Generationen der Familie Fohr wurde der Standort erweitert und zu einer modernen mittelständischen Brauerei ausgebaut, die heute von zwei Familienzweigen in der neunten Generation (Dr. Franz Fohr) beziehungsweise in der zehnten Generation (Dirk Fohr) geführt werden.

Wie viele andere Brauereien orientierte sich die Brauerei Fohr am Geschmack der Verbraucher und am Trend der Zeit. Die Dortmunder Biere waren damals das Maß der Dinge. Das Fohr-Spezial, »das edle Bitterbier«, orientierte sich an den Exportbieren aus dem Ruhrgebiet. Aber die Angebotspalette wurde erweitert: Pilsener Bier, Märzenbier und Bockbiere wurden

Die Landstraße durchschneidet das Gelände der Brauerei Gebr. Fohr.

gebraut. Bis in den 1970er Jahren ein Geschmackswandel vom Export zum Pilsener Bier und damit zu »schlankeren, hopfigeren Bieren« einsetzte. Die Dortmunder Biere verloren immer mehr Marktanteile; die Pilsbiere wie Bitburger und König Pilsener zogen vom Absatz an. Und so wechselte die Brauerei Gebr. Fohr zur alleinigen Herstellung von Pils.

Der untergärigen Brauweise ist die Familienbrauerei bis heute treu geblieben, obwohl in den 1980er Jahren die Versuchung groß war, obergäriges Altbier zu brauen. Der Name war schon gefunden und die Flaschenetiketten gestaltet. »Wäller Alt« (Westerwälder Alt) sollte es heißen, wurde allerdings nicht gebraut, da der Altbierkonsum in Deutschland zurückging.

Nachdem in den letzten Jahrzehnten der Fokus auf Pils gelegt wurde, wandelt sich die Brauerei zurzeit und öffnet sich den erweiterten Marktchancen einer regionalen Spezialitätenbrauerei. Das 333-jährige Brauereijubiläum zum Anlass nehmend, wurde 2009 ein auf 333 Hektoliter limitiertes Sonderbier Fohr 1676 Spezial nach historischer Rezeptur gebraut – es war binnen weniger Wochen ausverkauft. Im April 2010 wurde zudem ein Fohr Radler mit großem Erfolg auf den Markt gebracht. Überhaupt blickt man sehr optimistisch in die Zukunft: Die Marke Fohr gilt vielen Westerwäldern als Heimatsymbol, und so kann man nicht zuletzt dank komplett überholtem Werbeauftritt am Markt und dem gestiegenen Regionalitätsbewusstsein der Konsumenten im Geschäftsjahr 2010 auf einen sehr deutlichen Ausstoßzuwachs blicken.

Fohr Pils
alc. 4,8 % vol.; 11,35 % Stammwürze; untergärig

Zahlen & Fakten:
Ausschlagwürze pro Sud:
280 Hektoliter
Ausschlagmenge pro Jahr: k. A.
Absatzgebiet: Großraum Westerwald, Großraum Koblenz, ca. 50 Kilometer rund um den Schornstein

Infos rund um die Brauerei:
Brauerei Gebr. Fohr, An der Brauerei, 56235 Ransbach-Baumbach
Tel. 02623/92 94 93-0 • Fax 02623/92 94 93-90 • info@brauerei-fohr.de
www.brauerei-fohr.de

Eigentümer: Dirk Fohr, Dr. Franz Fohr
Gründungsjahr: 1676

Öffnungszeiten Brauerei: 7–16 Uhr
Öffnungszeiten Brauereishop:
8–12 Uhr und 13–16 Uhr

Brauereibesichtigungen: nein
Bier kaufen vor Ort: das ganze Sortiment

Ausflugsziele & Aktivitäten:
- Wanderungen im Naherholungsgebiet Köppel (540 Meter über NN)
- Brexbachtalbahn – alte Eisenbahnstrecke
- Keramikmuseum Westerwald, Höhr-Grenzhausen

Lahnsteiner
Brauerei – Lahnstein

Dr. Markus Fohr ist mit Fug und Recht ein Lokalpatriot. Er ist stolz darauf, in Oberlahnstein geboren zu sein, drei Tage bevor die beiden eigenständigen Städte Nieder- und Oberlahnstein miteinander verschmolzen wurden.

Lokalpatriotismus kommt klar zum Tragen, wenn er von der Geschichte der Brauerei spricht. Denn diese firmiert unter »Lahnsteiner Brauerei« erst seit dem 1. Januar 2010. »Mit dem neuen Namen wird die regionale Identität der Brauerei im Unesco-Welterbe ›Oberes Mittelrheintal‹ entscheidend gestärkt.« So steht es in der Brauereibroschüre.

Zwei historische Wege führen zu der heutigen Brauerei.

Der erste Weg wird symbolisiert durch den Brauereiturm, erbaut 1324. An der Südwestecke des heutigen Brauereigeländes gelegen, ist er das sichtbare Wahrzeichen der Brauerei. In der Stadtbefesti-

Verwaltungsgebäude und Bierverkauf ab Rampe.

gung Oberlahnsteins bildete er die Süd-ostecke. Als »Pulverturm« war er ab 1727 einer der am besten bewachten Teile der Stadtmauer und ist bis zum heutigen Tage, trotz der Wirren der Zeiten, unzerstört geblieben. Außerhalb der mittelalterlichen Stadtmauer verlief – ähnlich wie in anderen Städten – der Stadtgraben. In diesem baute 1870 Johann Junker eine Brauerei. Das war günstig, da durch den Graben weniger Erdaushub für die Keller zu bewältigen war. Im April 1894 übernahm Franz Fohr aus Ransbach die »Junkersche Brauerei« in Oberlahnstein.

Mit der Familie Fohr beginnt der zweite Weg der Brauereigeschichte. Ursprünglich wohl aus Lüttich stammend, erwirbt Jacob Fohr 1667 in Ransbach im Westerwald das Braurecht. Sieben Gulden zahlt er an die »Amtskellerei zu Grenzau« für den sogenannten Bannzapf. Die beglaubigte Kopie vom Staatsarchiv Koblenz hängt gerahmt im Büro von Dr. Fohr. Im 19. Jahrhundert, mittlerweile in der siebten Generation, spaltet sich die Tradition der Brauerfamilie mit der Übernahme der Oberlahnsteiner Brauerei durch Franz Josef Fohr. Er benennt sie nach dem Schutzpatron von Oberlahnstein »St. Martin Brauerei«. Bereits im Januar 1895 bietet er »nach einer umfangreichen Modernisierung seiner neuen Brauerei ›1a Lagerbier (gebraut nach Dortmunder Brauart)‹« an. Die Ransbacher Brauerei wurde von seinem Bruder Wilhelm Fohr weitergeführt und firmiert bis heute unter Brauerei Gebr. Fohr.

Lokalpatriotismus und Identifikation mit der Region zeigt das neue Brauereilogo. Es zeigt stilisiert die Silhouette der Brauerei mit dem »Pulverturm«. Der

Zahlen & Fakten:
Ausschlagwürze pro Sud:
200 Hektoliter
Ausschlagmenge pro Jahr:
33.000 Hektoliter
Absatzgebiet: Rheinland-Pfalz,
Nordrhein-Westfalen, Saarland,
Hessen

Infos rund um die Brauerei:
Lahnsteiner Brauerei, Sandstraße 1,
56112 Lahnstein
Tel. 02621/91 74-0
Fax 02621/91 74-34
www.lahnsteiner-brauerei.de

Eigentümer: Dr. Rainer Fohr,
Dr. Markus Fohr
Gründungsjahr: 1667/1894

Brauereibesichtigungen: ja, nur
für Gruppen nach Absprache
Brauereishop: Mo–Fr 7–18 Uhr,
Sa 8–12.30 Uhr
Bier kaufen vor Ort:
volles Sortiment

Ausflugsziele & Aktivitäten:
- Lahnstein: Stadtbesichtigung (unter anderem Historientürme)
- Wanderung auf dem Rheinsteig
- Bootsfahrten auf Rhein und Lahn

Der ehemalige »Pulverturm« gehört heute zur Brauerei.

gewährleistete Verfügbarkeit sprechen für sich. Die Kunden sollen zu jeder Zeit das volle Sortiment erhalten. Ob Weizen im Winter oder Bockbier im Sommer – wenn der Durst kommt, wird er mit dem Wunschbier gelöscht.

Schriftzug ist abgestimmt mit der Stadt Lahnstein und den Lahnsteiner Mineralquellen. Man zieht an einem Strang. Kein Wunder, dass Dr. Markus Fohr auch der 1. Vorsitzende des Vereins »Historientürme Lahnstein« ist. Der Brauereiturm gehört dazu. Ihn kann man für Festivitäten mieten oder als Teil der Brauereibesichtigung besteigen. Der Blick von oben auf die Stadt und das Rheintal ist überwältigend. Hier, mit leckerem Bier versorgt, könnte ich mich stundenlang aufhalten.

Die Lahnsteiner Brauerei versteht sich als Dienstleister. Das umfangreiche Biersortiment und die das ganze Jahr hindurch

Dr. Rainer Fohr in der neunten und Dr. Markus Fohr in der zehnten Generation leiten gemeinsam die Brauerei. Beide haben in der Bier- und Brautechnologie Spuren hinterlassen. Der Senior erhielt ein Patent auf die gestoppte Gärung für die Herstellung von alkoholfreiem Bier. Das so gewonnene Produkt ist isotonisch und besonders geeignet als Getränk für Ausdauersportlerinnen und -sportler. Das testet Dr. Markus Fohr persönlich auf seinen Extremmarathonläufen. Er hat über Energieeinsparung im Brauwesen promoviert und in diesem Zuge für die Lahnsteiner Brauerei das Sudwerk neu konstruiert.

Fürsten Pils	alc. 4,9 % vol.; 11,5 % Stammwürze; untergärig
Zwickel Bier	alc. 4,9 % vol.; 11,5 % Stammwürze; untergärig; unfiltriert
Weizenbier hell	alc. 4,9 % vol.; 11,5 % Stammwürze; obergärig; unfiltriert
Weizenbier dunkel	alc. 4,9 % vol.; 11,5 % Stammwürze; obergärig; unfiltriert
Weizenbier kristall	alc. 4,9 % vol.; 11,5 % Stammwürze; obergärig
Historienturm Obergärig	alc. 4,9 % vol.; 11,5 % Stammwürze; obergärig
Fest-Export	alc. 5,2 % vol.; 12,5 % Stammwürze; untergärig
Schnee-Bock	alc. 8 % vol.; 18,3 % Stammwürze; untergärig
Martinator	alc. 8 % vol.; 18,3 % Stammwürze; untergärig
Schwarz Bier	alc. 4,9 % vol.; 11,5 % Stammwürze; obergärig
Alt Bier	alc. 4,9 % vol.; 11,5 % Stammwürze; obergärig

Maximilians Brauwiesen – Lahnstein

Brauwiesen: Weit und großzügig ist die Wiese, Bierbänke und Tische sind aufgestellt, dazu eine lang gestreckte Theke, der Rhein ist ganz nah, und es gibt viel Sand. Im Sommer, bei warmem Wetter, kann man hier den ganzen Tag verbringen. Einfach nur entspannen, ein Buch lesen, Bier trinken, Beachvolleyball spielen. Bis in die Nacht hinein. Denn Nachbarn, die sich an dem Treiben stören könnten, gibt es nicht. Das Brauhaus liegt inmitten eines Industriegebiets, auf dem ehemaligen Gelände der Didier-Werke. Die vorbeiführende Straße ist nach ihnen benannt. Diese firmierte, bevor sie sich 1937 in Lahnstein ansiedelte, unter »Stettiner Chamotte-Fabrik«. Schamotte ist ein feuerfester Kunststein, der zum Beispiel zur Ausmauerung von Hochöfen oder zur Speicherung von Wärme in elektrischen Nacht-

Sudhaus mit Blick auf den Biergarten.

Beachvolleyballfeld zwischen Brauhaus und Rhein.

Zahlen & Fakten:
Ausschlagwürze pro Sud:
16 Hektoliter
Ausschlagmenge pro Jahr:
4.500 Hektoliter
Absatzgebiet: Brauhaus

Infos rund um die Brauerei:
Maximilians Brauwiesen, Didier-
straße 25, 56112 Niederlahnstein
Tel. 02621/92 60 60
Fax 02621/92 60 61
info@maximilians-brauwiesen.de
www.maximilians-brauwiesen.de

Eigentümer: Max Ohlig und
Sascha Ohlig
Gründungsjahr: 1990/91

Öffnungszeiten Brauhaus:
täglich 11–1 Uhr
Öffnungszeiten Biergarten:
bei schönem Wetter

Brauereibesichtigungen:
nach Absprache
Bier kaufen vor Ort: 1-Liter-Bügel-
verschlussflaschen, 5-Liter-
Partyfässchen

Ausflugsziele & Aktivitäten:
- Burg Lahneck
- Festung Ehrenbreitstein
- Koblenz
- Rheinfahrt ab KD-Anleger
- Rad- und Wandertouren entlang
  Rhein und Lahn

**Schamott-
Schlösschen mit
Biergarten.**

speicheröfen dient. Daher kommt auch
die Bezeichnung des Haupthauses: »Scha-
mott-Schlösschen«. Diesem angegliedert
ist ein moderner Bau mit Terrasse, in dem
sich auch das Sudhaus befindet. Platz gibt
es genug, draußen wie drinnen. Und doch
habe ich nicht das Gefühl, in der Weite un-
terzugehen, was an der Aufteilung und
dem netten Personal liegt.

Eigentlich lohnt es sich allein wegen
der Biere, »Maximilians Brauwiesen« zu
besuchen. Braumeister Dennis Berndes
braut drei Stammbiere und je nach Jahreszeit seine Saisonbiere. Besonders süffig ist das Sommerweizen 2.8, das trotz
seines reduzierten Alkoholgehalts vollmundig durch die Kehle rinnt. Mein Favorit ist »Brauwiesen Braunes«, das malzig
und mit angenehmem Hopfenabgang Zunge und Kehle betört.

Brauwiesen Helles	alc. 4,8 % vol.; 11 % Stammwürze; obergärig; unfiltriert
Brauwiesen Braunes	alc. 5,1 % vol.; 12 % Stammwürze; obergärig; unfiltriert
Wiesenweizen	alc. 5,1 % vol.; 12 % Stammwürze; obergärig; unfiltriert

Saisonbiere:

Märzen	alc. 5,4 % vol.; 13 % Stammwürze; untergärig; unfiltriert
Maibock	alc. 6,2 % vol.; 16 % Stammwürze; untergärig; unfiltriert
Sommer Weizen 2.8	alc. 2,8 % vol.; 8 % Stammwürze; obergärig; unfiltriert
Brauwiesen Spezial	alc. 5,4 % vol.; 13 % Stammwürze; untergärig; unfiltriert
Nikolator	alc. 7,2 % vol.; 18 % Stammwürze; untergärig; unfiltriert
Winter Weizen	alc. 5,1 % vol.; 12 % Stammwürze; obergärig; unfiltriert

LITERATUR-VERZEICHNIS

Chronik des Ruhrgebiets, Dortmund 1987.
Brauerei August Gleumes Krefeld (BAGK) 1807–2007, Krefeld 2007.
Fischer, Gert, und andere, Bierbrauen im Rheinland, Köln 1985.
Fohr, Markus, Besser leben mit Bier, Lahnstein 2008.
Fonk, Genno, Altbier, Duisburg 1999.
Geschichte des rheinischen Bieres, Vortrag von Dr. Wolfgang Herborn, 12.3.1998.
Heyhausen, Wilhelm, Da braut sich was zusammen am Niederrhein – Kleine Bierge-
schichte, Krefeld 2003.
Jungbluth, Moritz, und Jungbluth, Uli, Bier im Westerwald, Selters 2010.
Kellenbenz, Hermann (Hg. i. A.), Zwei Jahrtausende Kölner Wirtschaftsgeschichte,
Köln 1975.
Krieg, Dieter, Die ehemalige Brauerei der Brüdergemeine in Neuwied, 1971.
Metzmacher, Wulf, Die dunkle Leidenschaft – Woröm wat angeres?, herausgegeben
von Uerige, Düsseldorf o. J.
Metzmacher, Wulf, Düsseldorfer Brauhäuser zu Fuß, Köln 2006.
Metzmacher, Wulf, Brauhausführer Ruhrgebiet, Köln 2008.
Langensiepen, Fritz (Hg.), Bierkultur an Rhein und Maas, Bonn 1998.
Rick, Detlef, und Fröhlich, Janus, KölschKultur, Köln 2002.
Schreiber, Johann, Rückblick – Die heutige Großbrauerei Königsbacher Brauerei A.-G.
vorm. Jos. Thillmann 1947, maschinengeschriebenes Manuskript.
Weidenhaupt, Hugo, Kleine Geschichte der Stadt Düsseldorf, Düsseldorf 1993.
Wirges, Helmut, Biergeschichte zwischen Rhein und Erft, Köln 1994.

Bier & Brauhaus – Das unabhängige Infomagazin für Biergenuss und Braukultur,
Steinhagen, Jahrgänge 2008–2010.

Internetseiten
Angaben zu den Homepages der jeweiligen Brauereien finden sich unter dem ent-
sprechenden Eintrag. Alle Seiten wurden das letzte Mal am 24.12.2010 aufgerufen.

www.altenessen.info/wie-es-frueher-war/privatbrauerei-stauder.html
www.borbeck.net/1/Dampfe2.html
www.duisburgweb.de/DU_historisch_heute/koenig-brauerei.htm
www.gasometer.de/de_DE/index.php
www.katholisch-erkrath-unterbach.de/kirchen/37-pfarrgeschichteub
www.korschenbroich.de/freizeit_tourismus/Tourismus/sehenswertes/
Hannenstammhaus.php
www.osterfeld-westfalen.de
www.de.wikipedia.org/wiki/Bahkauv
www.de.wikipedia.org/wiki/Düsseldorf-Niederkassel
www.de.wikipedia.org/wiki/Zoigl

Detlef Rick, geboren 1955, Diplom-Theologe, war siebzehn Jahre als evangelischer Pastor und freier Grabredner tätig. Als Stadtführer hat er aus seinem Hobby einen Beruf gemacht und bietet Führungen unter anderem durch die Kölner Bier- und Brauhäuser, die Brauerei zur Malzmühle sowie den Melatenfriedhof an. Im Frühjahr 2011 absolvierte er in der Fachakademie Doemens (Gräfelfing) eine Ausbildung zum Biersommelier. www.koeln-fuehrungen.de

Bibliografische Information der Deutschen Bibliothek

Die Deutsche Bibliothek verzeichnet diese Publikation in der Deutschen Nationalbibliografie; detaillierte bibliografische Daten sind im Internet über http://dnb.d-nb.de abrufbar.

© Hermann-Josef Emons Verlag
Alle Rechte vorbehalten
© der Fotografien beim Autor
Gestaltung: Weusthoff-Noël, Hamburg (www.wnkd.de)
Druck und Weiterverarbeitung: FINIDR, s.r.o., Český Těšín
Printed in Tschechien 2011
ISBN 978-3-89705-836-1

Unser Newsletter informiert Sie regelmäßig über Neues von emons: Kostenlos bestellen unter www.emons-verlag.de

emons:

Detlef Rick / Janus Fröhlich
KölschKultur
Broschur, 192 Seiten
ISBN 978-3-89705-377-2

»Viele wissenswerte und lustige
Details haben Detlef Rick und Janus
Fröhlich in ihrem kleinen, bunten
Kompendium über die ›Kölsch-
Kultur‹ – zusammengetragen.«
Kölnische Rundschau

»Mit der vorneweg gelieferten Ent-
stehung der Braukunst sowie des
Kölsch-Bieres samt Zubehör wie
Kronkorken oder Stangen und der
unterhaltsam erzählten Geschichte
der einzelnen Kölsch-Marken beziehungsweise der dazugehörigen
Brauereien sind die 192 Seiten ein
äußerst lehrreiches Geschichts-
und Kult(ur)-Buch.«
Rheinische Post

Detef Rick
MELATEN
Gräber erzählen Stadtgeschichte
Broschur, 256 Seiten
ISBN 978-3-89705-789-0

»Das praktisch sortierte Buch führt
die Leser anhand von Wegkarten zu
den interessantesten Gräbern. Rick
erzählt wunderbare, Anekdoten zu
Grabsteinen, Beerdigungen, Kölner
Prominenten. Für Köln-Liebhaber ist
das Buch ein Muss!«   *Express*

»Rick kennt Melaten sehr genau und
bringt sein Wissen unterhaltsam unter die Leser. Hilfreich sind die ge-
nauen Karten und Pläne, schön die
Fotos von Britta Schmitz.«

Stadrevue